Revealed Religion Russia
Natural Religion China

계시종교 러시아
자연종교 중국

카프카스의 형제

계시종교 러시아
자연종교 중국

초판 1쇄 2025년 9월 9일

지은이 · 강희창
펴낸곳 · 도서출판 **통독원**
디자인 · 전민영

주소 · 서울시 강남구 선릉로 806
전화 · 02)525-7794   팩스 · 02)587-7794
홈페이지 · www.tongbooks.com
등록 · 제21-503호(1993.10.28)

ISBN 979-11-90540-75-9 03230

Revealed Religion Russia
Natural Religion China

계시종교 러시아
자연종교 중국

카프카스의 형제

강희창 지음

통독원

카프카스의 형제

I

러시아 선교 여행기에 해당하는 글들을 써놓고
꽤 오랜 시간이 흐른 듯하다.

'1998년 여름부터 시작해서 20여 년의 세월, 40여 차례 가고 오고 하면서 만들어진 그들과의 관계와 그동안의 많은 사건을 어떻게 해석하여 정리할 것인가?' 나로서는 기다려야만 했다. 이제까지의 과정 전체에 의미와 방향을 부여해 줄 만한 어떤 사건이나 이야기가 떠오를 때까지 기다리려고 했다. 그렇게 기다리고 또 기다리고 하다가, 이제는 그만 기다리자는 생각을 할 만한 시기에 이르렀다. 전체적인 의미와 방향을 제시할 수 없다 하더라도, 이제는 그 글들을 정리할 시간이 되었다고 스스로 결론을 내렸다. 그동안의 이야기들을 조그만 책으로라도 엮어 결론을 지어야겠다고 생각하게 되었다.

그리하여 러시아 선교지를 처음 찾아갔던 이야기부터 시작해서, 초기에 선교지에서 있었던 일들과 유리 시다코프와 러시아 인권위원회를 만나게 된 이야기, 베슬란 테러 이야기 … 특별한 의도 없이 그동안에 일어났던 이야기들을 기억하면서 소개하는 형식으로 원고를 정리했다. 출판에 필요한 절차를 준비하고 있었던 셈이다. 그런 과정에서 러시아와 우크라이나 사이에 전쟁이 일어났고, 러시아는 국제사회로부터 전쟁 범죄자로 지탄받는 처지에 놓이고 말았다.

'이런 상황에서 러시아 관련 내용으로 가득한 책을 출판하는 것이 어떤 의미가 있을까?' 스스로 질문하다가, 일단 출판을 미루기로 했다. 그러고 나서 전쟁은 계속되었고 출판을 향한 관심도 어느덧 잊혀간 듯했다.

원고는 잊혀가고 전쟁은 지속되고, 러시아와 푸틴을 향한 비판과 지탄(指彈)은 변함이 없었다. 그렇게 시간이 흐르던 중에 일본에 갈 일이 생겼다. 서울강남노회에 속한 목회자들의 단체여행이었다. 나로서는 오직 러시아와 러시아어권(우즈베키스탄)만을 다녔는데, 모처럼 외도할 기회를 맞이하게 되었다.

그동안은 선교지와 사명에 관련된 여행만 다녔는데, 이번에는 그냥 여행을 가게 되었다. 그럭저럭 나 자신을 스스로 풀어주는 듯한 여행이었다. 벳푸와 후쿠오카를 며칠 동안 돌아다니는 동안에 목회자들 그리고 신학자들과 대화를 나누게 되었다. 오랫동안 주로 혼자서 생각하고 설교하고 강의하며 살아온 나로서는 모처럼의 외도와 해방과도 같은 여행이었다.

여행 중에 신학자들과의 만남과 대화는 나로 하여금 새로운 생각을 하게 만들었다. 러시아 이야기를 개인적인 여행기 비슷하게 남겨두지 말고, 거기서부터 러시아의 현재와 미래를 전망하는 이야기를 써 나가야겠다는 마음을 먹게 되었다. 그리고 러시아 이야기에 비추어서 '중국을 어떻게 바라볼 것인가?'의 영역까지도 열어가야겠다는 마음을 먹게 된 것이다.

러시아에 대해서는, 20여 년 세월에 40여 차례 가고 오고 하는 동안에 몸과 마음으로 체험한 내용을 토대로 원고를 다시 정리해야겠다고 생각했다. 그리고 중국에 대해서는 러시아와 비슷한 점도 있고 전혀 다른 점도 있다는 사실을 생각하며, 기독교와 선교적 시각에서 미래를 전망하는 관점으로 글을 써야겠다고 생각했다.

그래도 러시아는 근본적으로 우리와 같은 기독교 국가이다. 권력의 시녀가 된 듯한 러시아 정교회에 대해 지적할 점이 많은 것은 당연하다. 그런데 지금은 무언가 문제가 될 만한 점들보다는 그들에게서 기독교라고 말할 수 있는 긍정적인 점에 더 관심을 기울일 필요가 있을 듯했다.

중국에 대해서는 몇 가지를 생각해 보려고 했다. 현재의 세계적인 흐름에서 중국이 의도적으로 만들었든 그들이 원치 않았어도 그렇게 만들어졌든지 간에, 중국에 대한 이해나 판단은 피할 수 없는 일이라고 생각했다. 물론 정치 경제 사회의 전반적인 판단은 이미 오래전부터 어느 수준까지 이루어졌을 듯하다. 그런데 신앙과 선교의 관점에서는 중국을 어떻게 바라보아야 할 것인가? 특히 긴박하게 흘러가는 강대국들 사이의 갈등 관계 속에서, 중국이 장차 나아갈 방향과 관련하여 '우리는 중국을 어떻게 바라보아야 하는가?'라는 맥락에서 중국의 종교적 차원에 대한 개괄적 서술 정도는 필요하리라 생각했다.

그래서 러시아에 대해서는 기독교적인 공통 기반을 의식하여 '계시종교인 러시아'로, 중국에 대해서는 오랜 역사 동안 동아시아라는 지역과 문화의 공통분모를 말할 수는 있겠지만, 21세기 한국과 기독교라는 시각에서는 근본 토대가 서로 다르다는 점을 의식하여 '자연종교의 중국'이라는 관점에서 서술하려는 것이다.

'계시종교의 러시아'와 관련해서는 특별한 전제 없이 서술해 가려고 한다. 개인적인 만남과 체험을 우선시하려고 했다. 사전 지식과 전제에 매일 경우, 모든 것이 그 전제에 따라 배열되고 해석되는 일은 바람직하지 못하다고 생각했던 셈이다.

Ⅱ
유리 시다코프가 그의 고향인 자망꾸에서
나에게 이런 제안을 한 적이 있었다.

"언젠가 '카프카스의 형제'라는 제목으로 함께 책을 함께 쓰자." 유리 시다코프는 나에게 민족과 종교 간 분쟁이 끊이지 않는 카프카스의 평화를 위해 책을 쓰자는 제안을 했다. 그 제안을 들었을 때 그렇게 하자고 대답은 했지만, 실제로는 그렇게 하고 싶은 마음이 없었다. 카프카스의 역사와 현실에 대한 이해가 충분하지 않았고, 그들의 어려운 일에 깊이 빠져들고 싶지도 않았기 때문이다.

그런데 그런 책을 쓰기도 전에 그는 먼저 세상을 떠나고 말았다. 그가 떠나고 세월이 흐르는 동안에 자망꾸에서 했던 유리의 제안이 자주 떠오르게 되었고, 이제 뒤늦은 응답을 시작하려고 한다.

그때 그는 어떤 글을 쓰려고 했을까?

글과 책을 통하여 그는 어떤 일을 하고 싶었을까?

그가 하려 했던 일에 나는 얼마나 가까이 다가갈 수 있을까?

그가 세상을 떠난 지 10년도 넘어, 이제 나는 '카프카스의 형제'에 관한 글과 책을 시작하려는 것이다.

유리 시다코프와의 만남
"우리는 형제다"

1
학위논문을 위하여

그때가 아마도 2000년 1월이었을 것이다. 박사학위 논문을 써야 하는데 시간 여유가 없었고, 그럴 만한 환경을 마련하기 어려웠다. 이런저런 방법을 생각하다가 러시아를 생각했다. '러시아의 카프카스에 한 달 동안만가 있으면 어떨까? 한 달 동안 그곳 어딘가에 숨어 논문의 기틀을 잡으면어떨까?' 하고 생각했다.

가족을 설득하고 교회에 이야기한 다음, 필요한 책들을 챙겨 러시아로떠날 준비를 했다. 교회 성도들에게는 좀 무책임한 듯했지만, 나로서는 어떤 돌파구가 필요했다. 되는 일이 없이 세월만 흘러가게 하지 말고, 한 가지라도 매듭을 지어야겠다고 생각했다.

한 달 정도 러시아에 체류할 준비를 하면서 함께 갈 사람을 모집했다. 선교지 여행이 젊은이들의 성장 과정에 무엇보다 유익하다는 사실을 잘 아는 친척들이 자녀를 맡기려 찾아왔고, 누군가의 권면을 받고 찾아온 사람도있었다. 모두 합해 아홉 명이 되었다. 그런대로 규모 있는 여행단이 되어서 우리는 러시아의 카프카스를 향하게 되었다.

우리가 북(北)카프카스의 모즈독(Mozdok)에 도착했을 때, 현지 선교사는 나에게 교회를 떠맡기다시피 하면서 미국으로 휴가를 떠나려 했다. 그는 한국인이지만 국적이 미국이었고, 자녀들과 그의 집도 미국에 있었다. 그래서 선교사는 미국으로 휴가를 떠났고, 나는 출석 교인 500명이 넘을 듯한 선교지의 큰 교회를 한 달 정도 맡아 목회를 해야 했다.

우리 일행 아홉 명은 선교지의 여러 곳에 흩어져 고려인들에게 한국어 교육을 했고, 쑥뜸 치료를 하기도 했다. 모즈독에는 나 혼자 남아 있었고, 나머지 여덟 명은 둘씩 짝을 지어 멀리 가까이 여기저기서 작은 선교사들로 활약하기 시작했다.

고려인들에게 한국어 교육을 하는 일은 어떻게 생각하면 어려운 일이지만, 또 어떻게 생각하면 한국인인 우리가 아무런 준비 없이 언제 어디서나 할 수 있는 일이기도 했다. 전문적인 준비 없이 그냥 한국어를 가르친다는 것이 무책임한 듯 생각되긴 했지만, 한국에서 온 한국인들이 러시아의 고려인들과, 그리고 러시아인들과 섞여서 그 겨울 한 달 정도를 지냈다는 것은 우리에게 두고두고 이야깃거리가 될 대단한 일이었다.

모즈독의 아파트

현지 선교사들이 나름대로 용도를 생각해서 모즈독에 좋은 아파트 한 채를 매입했는데, 지금은 비어 있다고 했다. 앞으로도 한두 달은 비어 있을 듯한데, 내가 원한다면 그 아파트에서 지내라고 했다. 그래서 우리 아홉 명은 그 아파트를 베이스캠프 삼아 한 달 정도의 체류 기간을 지낼 수 있었다.

나를 제외한 여덟 사람은 여기저기 흩어져야 했기 때문에, 함께 머무는 며칠을 제외한 20일 정도의 기간을 나는 혼자서 큰 아파트를 쓰게 되었다. 커다란 방이 두 개, 작은 방이 하나, 거실, 그리고 화장실, 욕실, 주방 ….

새벽기도에 다녀와서 조금 쉬다 보면 누군가 문을 두드리며 아침 식사를 하러 오라 했고, 식사하고 와서 책을 보고, 그러다 아파트 안에서 조깅하며 운동하다가 커피를 마시고, 다시 책을 보고, 눈 내리는 창밖을 바라보고, 그러다가 점심은 나 혼자 해결하고 ….

그리고 나서 조금 낮잠을 잘까 말까 하다가, 책을 보고 쉬고 하다 보면 눈이 오고 저녁 시간이 다가왔다. 저녁을 먹고 다시 책을 보고 그럭저럭하다 보면 잠잘 시간이 다가왔다.

그 아파트에서 나는 몰트만(J. Moltmann)의 책을 정독하며 정리하고 있었다. 학위논문의 전체적인 구도를 잡기 위하여 그리고 논문의 첫 부분에 몰트만에 관한 내용을 써넣기 위해 독일 신학자가 몰트만에 관하여 쓴 책을 정독하기로 했다. 한 문장 한 단어의 의미까지 따지는 방식으로 집중력을 가지고 몰트만을 이해하려고 했다.

그때 읽고 정리한 내용들이 학위논문의 바탕이 되었고, 이후 나의 신학 강의나 글쓰기와 모든 일에서 소중한 토대가 되었다는 것은 참으로 감격스러운 일이요 하나님께 감사할 일이다.

책을 읽고 글을 쓰며, 새벽기도회를 인도하고 수요예배 설교를 하며, 주일예배 설교를 했다. 그러다 중간에 환자 심방을 가기도 하고, 때로는 장례예배를 집전하기도 했다. 그렇게 한 달을 지내는 동안, 나는 선교지 사정에 대하여 너무나 많이 알게 된 듯했다. '차라리 모르는 것이 나았을 텐데.' 하는 생각이 들 때도 있었다.

한국 교회에서 일어나는 일들이 거기서도 마찬가지로 일어나고 있었다. 목회자들의 어두운 문제 역시 비슷하게 일어나고 있었다. 한국에서는 비판과 감시의 눈들이 많으니까 함부로 하기 어려운 일들을, 여기서는 선교사들 마음대로 하는 듯했다. 그중에서도, 현지 고용인들에게 선교사 마음대로 급료를 많이 주었다 적게 주었다 하는 행위는 너무나 위험하게 보였다. 선교사에게 잘 보이는 시기에는 좀 많은 급료를 받았고, 선교사의 심기가 불편한 시기에는 적은 급료를 받았다는 이야기를 들었을 때, 그 선교사와 내가 같은 한국인이라는 점이 내 마음을 오그라들게 하는 듯했다.

물론 그 선교사는 나름대로 합당한 이유를 말하겠지만, 그렇게 살다 보면 어느 시기에 가서 어떤 일이 생겨날지 그걸 짐작하지 못하는 선교사들의 무지나 부주의가 참 안타깝게 생각되었다. 그런 일을 할 정도라면, 선교사들이 현지인들을 대하는 태도나 언행이 어떠할지는 짐작하기 어렵지 않았다.

선교사는 조선 시대의 대감마님을 닮았고, 선교사의 부인은 안방마님을 닮았고, 그들 밑에서 일하는 고려인이나 러시아인들은 마당쇠, 돌쇠, 갓난이 등을 닮았다. 그래도 그들은 러시아의 불안정한 시기에 안정된 수입원을 확보해서인지, 선교사들을 천국에서 온 사자(使者)처럼 대하고 있었다.

"선교사들이 좀 무례하면 어떤가? 그 먼 데서부터 우리를 위하여 찾아왔다고 하는데 …."

그런 말을 하면서, 당장의 무례와 모욕의 현실을 넘기며 살아가는 현지인들은 언젠가 다른 말을 하며 그 어두운 기억들을 생생하게 되살려낼 것이다. 그래서 선교사 송환 요구 같은 이야기들이 이미 오래전부터 기독교 역사의 각주(footnote)처럼 전해져 왔다는 사실을 그들은 왜 모르는 것인가?

그런 이야기를 들을수록 내가 그런 곳에 머물고 있다는 사실이 고통스럽게 느껴졌다. 멀고 위험한 땅에 생명을 걸고 많은 걸 포기하며 선교사로 찾아왔다는 사람들이 막상 여기서는 이런 방식으로 살아가고 있다는 점을 알게 되었을 때, 글쎄 내가 무슨 말을 할 수 있겠는가?

막연히나마 선교지를 아름답게 생각해 오던 내 마음의 어느 부분이 무참하게 부서져 내릴 때, 나는 말하기도 싫을 정도로 고통스러웠다. '내가 이런 선교사들을 도우려고 여기에 왔다니 ….'

선교비가 충당되기만 하면 이단이든 말든 상관없이 받아들이려 하는 선교사들. 공부를 한 사람이든 아니든 선교지를 찾아오는 한국인 목사들에게 '선교지 신학교의 교수님'으로, 때로는 총장님으로 강의하고 행세하도록 배려하는 그들. 나는 그 겨울 한 달 동안 그런 선교사들을 도왔고, 그들 대신 일을 했던 셈이다.

이런저런 어두운 사정을 체험적으로 알게 되어 갈수록, 그 현장에 있는 나 자신이 너무나 싫어지기 시작했다.

"이제는 내가 이곳을 떠날 시간이 되었나 보다."

어느 날 저녁, 나는 동세화 목사에게 내 마음을 이야기했다.

"나는 이제 다시는 오지 않을 것이다. 다시는 여기에 오고 싶지 않다."

마지막인가 새로운 시작인가?

마지막이라고 생각해서인지 아니면 내 마음을 돌이키려 해서인지 선교지를 떠나기 며칠 전 동세화 목사는 나를 자동차에 태우고 어디론가 가자고 했다. 그가 뭐라고 설명해도 나는 잘 모르니까 그냥 따라나서는 수밖에 없었다.

동세화 목사는 말하는 방식이 독특한 사람이다. 그저 자기가 하고 싶은 말을 자기 방식대로 열심히 말한다. 중간중간 감정 표현을 섞어가며, 때로는 화를 내기도 하고 슬픈 표정을 짓기도 하고 ….

그는 오랫동안 고등학교 역사 선생님을 했다고도 하고, 한동안 이 지역의 고려인 회장으로 일했다고도 했다. 그는 어떻게 보면 자유분방했고, 또 어떻게 보면 순수했고, 또 어떻게 보면 매우 부주의한 듯이 보이기도 했다.

그와 나는 이미 오랫동안 친구처럼 지내왔다. 나는 그의 언행에 어느 만큼 익숙해졌기 때문에, 그가 무슨 말을 하고 어떤 행동을 해도 그러려니 했다. 때로는 실수가 있었지만, 그것 또한 그 사람의 일부이기에 어쩔 수 없다고 생각했다.

그때 그가 나를 이끌고 어디론가 가려고 했던 것은, 이제 돌이켜 생각하면 그런 사람이었기에 가능한 일이었다고 생각될 때가 있다. 그런 동세화 목사 때문에 바로 그날부터 나와 러시아의 새로운 관계가, 유리 시다코프와 강희창의 관계가 시작되고 있었다.

동세화 목사가 운전하는 자동차를 타고, 우리는 전에는 가지 않던 길로 열심히 달렸다. 중간에 몇 번 검문을 당하며, 두 시간 좀 넘게 걸려 도착한 곳이 바로 블라디카프카스(Vladikavkaz)였다.

도시 입구에서부터 '아! 이 도시는 무척 오래된 도시이겠구나.' 하는 느낌이 들었다. 중요한 길목마다 세워진 동상들이 역사의 무게를 느끼게 했다. 동상이 세워진 로터리를 지나고 철길을 건너고 전찻길을 한두 번 건넌 뒤, 고풍스러운 모퉁이를 몇 번 돌고 돌아 사람이 많이 다니는 도심에 자동차가 멈추어 섰다. 아스팔트 도로에도 주차가 허용되는지, 넓은 도로의 절반 정도는 주차장처럼 자동차가 세워져 있고, 차선 두 개만 왕복 통행이 허용되는 그런 도로에 자동차가 멈추어 섰다.

동세화 목사가 앞장서고 나는 뒤따르고, 우리는 블라디카프카스 중심에 있는 러시아 연방 북오세치아 공화국 인권위원회 사무실인 꼬미시아 사무실에 들어섰다. 20평이 채 안 될 듯한 사무실은 1층인데도 계단을 올라 들어가기 때문에 2층처럼 느껴졌다. 사무실 유리창 밖으로 길가를 달리는 자동차들이 2층에서 보듯 내려다보였다.

사무실 안에는 별다른 시설이 없었다. 책상이 세 개 정도였는데 그 가운데 저편에 놓인 책상은 인권위원장이 앉을 만한 자리였다. 그 책상에 붙여 길게 가로로 놓인 책상은 회장을 가운데 모시고 사람들이 마주 보며 회의하도록 놓여 있었다. 그리고 사무실 구석 유리창 가까운 곳에 사무원이 앉을 만한 책상이 있었다. 그런데 위원장의 자리 뒤편에 작은 문이 있어서, 그 문을 열면 작은 사무실이 하나 더 있는 듯했다.

우리가 들어서자, 가운데 자리에 앉아 있던 위원장인 듯한 사람이 일어서서 다가오더니 반갑게 우리를 맞이했다. 그가 바로 유리 시다코프였다. 그 곁에 있던 사무원인 리따가 인사를 했고, 이어서 여러 사람과 반갑게 인사를 나누었다. 그들은 모두 러시아 사람이요, 북오세치아 사람들이었다.

그 사무실에서 나는 무슨 말을 어떻게 해야 할지, 어떤 행동을 해야 할

유리 시다코프

지, 미리 마음에 계획한 것이 없었다. 한국에서는 조그만 교회의 목사로서 신학교에서 시간 강사로 강의를 한다지만 그게 대단한 것도 아니고, 아직은 박사학위도 못 했던 때였다. 그 사람들에게 나를 소개한다면 나는 자신에 대하여 뭐라고 해야 할까?

작은 사무실에 모이긴 했지만, 그들은 국가를 위해 일하는 인권위원회 의 회원들이었다. 그들 중 몇 사람은 변호사였고, 대학교수인 사람도 있었고, 젊은 대학생들도 있었다.

동세화 목사가 그들에게 나를 소개하는 듯했다. 소개가 끝나자, 그들은 예의를 갖추면서 나에게 무언가 말을 할 수 있도록 배려하는 듯했다. 나는 일어서서 그들에게 뭐라고 말을 해야만 했다. 나는 교회에서 설교할 때 전했던 한 가지 이야기를 기억해 냈다. 그때 나는 그들에게 이런 이야기를 했다.

동세화 목사, 필자, 유리 시다코프, 강명호(왼쪽으로부터)

"저 북아메리카에 가면 나이아가라 폭포가 있습니다. 저는 아직 가보지 않았는데, 갔다 온 사람들의 말을 들어보니까, 폭포의 경치가 대단한데, 그 폭포 위를 가로지르는 기다란 다리가 놓여 있다고 합니다. 굵은 쇠밧줄로 된 다리가 폭포 위를 가로질러서 길게 놓여 있다는 것입니다. 그 쇠밧줄로 된 다리를 보는 사람들은 누구나 잠깐은 이런 생각을 한다고 합니다. 누가 이 대단한 폭포 위에 저렇게 긴 밧줄로 된 다리를 놓을 수 있었을까? 도대체 어떻게 저런 다리를 설치할 수 있었을까?

그 다리를 만들려고 할 때, 가장 먼저는 작은 새 한 마리가 폭포 이편에서부터 저편을 향하여 날아갔다고 합니다. 작은 새의 다리에 가는 실을 묶어서 이편에서 저편으로 새를 날려 보낸 것입니다. 그 새가 저편에 도착했을 때, 아주 가는 실이 이편과 저편 사이에 연결됩니다(나중에 알게 된 사실인데, 새의 다리에 실을 묶어서 보낸 것이 아니라, 커다란 연에 실을 묶어서 날려 보냈다고 한다). 그리고 나서 그 가는 실에 조금 더 굵은 실을 묶어서, 폭포 이편을 건너 저편으로 이어지게 했습니다. 그렇게 굵은 실이 이어진 다음에는 조금 더 굵은 밧줄이 …. 그렇게 하는 동안에 제법 단단한 쇠밧줄이 이편과 저편 사이에 단단하게, 그리고 길게 이어질 수 있었습니다.

단단하고 긴 쇠밧줄이 이어지고 나서 이제는 모든 작업이 가능하게 되었습니다. 그래서 나이아가라 폭포 위에 그 길고 긴 다리가 설치될 수 있었다고 합니다.

저는 한 마리의 작은 새로서 저의 다리에 보이지 않는 실을 묶고 한국을 떠나 이곳으로 날아왔습니다. 지금은 보이지 않는 가는 실이지만, 장차 언젠가 이 가는 실은 굵은 밧줄로 변해갈 것입니다. 그래서 한국과 여러분들 사이, 그 넓은 땅과 바다와 폭포를 건너 길고 단단한 다리가 놓일 날이 올 것을 기대합니다.”

나는 통역이 쉽도록 천천히 말했고, 동세화 목사도 천천히 통역을 했다. 내가 말을 다 마치고 나자, 사무실에 앉은 모든 사람의 표정이 진지해졌다. 내가 자리에 앉고 나서, 위원장인 유리 시다코프가 일어서더니 답사(答辭)했다.

“우리가 지금은 보이지 않는 가는 실로 시작하고 있지만, 머지않아 당신은 저편에 우뚝 선 교각이 되어 있을 것이고, 나는 이편에서 우뚝 선 교각이 될 것입니다. 그날이 머지않아 올 것으로 생각합니다.”

그의 말이 끝나자, 우리는 모두 일어서서 함께 손뼉을 쳤다. 그러면서 우리는 마음으로 서로를 받아들이는 듯했다.

나는 실례가 안 된다면 인권위원회 활동을 위해 약간의 후원금을 전하고 싶은데 괜찮은지 물었다. 그러자 그들은 감사히 받겠다고 했고, 나는 200달러를 후원금으로 내놓았다. 멀리 러시아 땅에 가서 어느 사무실에 공적인 의미로 내놓기에는 너무 작은 액수라 생각되었다. 그런데 그때 나에게는 돈이 없었다. 여비 정도만 가지고 갔었기 때문이다.

너무 적은 돈을 내놓아 미안하게 생각되어서 그랬는지, 그때 나는 그들에게 물었다.

"나는 머지않아 다시 올 생각이다. 그때는 오직 당신들을 만나기 위해 찾아올 것이다. 다시 찾아올 때, 당신들을 위해 필요한 것을 가져오고 싶은데, 당신들이 원하는 것이 무엇인가? 한국에 있는 어떤 것을 원하는가?"

그들은 "사무실에 컴퓨터가 있어야겠는데, 그게 가능하겠는가?"라고 물었다.

나는 앞으로 6개월 후가 될지 아니면 1년 후가 될지 모르겠지만, 다시 올 때는 노트북 컴퓨터를 가져오겠다고 약속했다. 그 약속을 하는 동안에, 나도 모르는 사이에 러시아에 다시 와야겠다고 생각한 셈이다. 한국인 선교사들을 생각하면 다시 오고 싶지 않았는데, 이 러시아 사람들을 생각하면 다시 와야겠다고 생각한 것이다.

2
미하일로프스끼의 하나님

　　러시아에서는 생각지 못한 일들이 일어나고 있었는데, 서울에 있는 우리 교회에서는 새로운 일이라고 할 만한 것이 별로 없었다. 무언가 새로운 상황이 일어날 듯하다가 이내 기다림과 기도와 인내의 시간으로, 그렇게 살아가야만 했다. 그럴수록 러시아와 카프카스에 대한 기억들이 내 마음을 사로잡곤 했다. '언젠가 그곳에 가서 살아야 하는 것은 아닐까?' 하는 생각을 벗어나기가 어려웠다. 그렇지만 그게 결코 간단한 일은 아니었기에, 구체적인 계기가 생기기를 기도하며 기다리고 있었던 셈이다.

　　그러던 중, 어느 날 새벽기도 시간에 중년 부부가 찾아왔는데, 기도 시간이 끝나기를 기다렸다가 그들은 나와 대화하기를 원했다. 점잖게 보이는 50대의 남편은 이름이 꽤 알려진 어느 회사의 사장이었는데, 그에게는 이런 사정이 있었다.

　　얼마 전에 위암 선고를 받아서 치료 과정에 있는데, 자신을 좀 도와달라고 했다. 자신에게 말씀을 가르치고 기도해 주면서 자신이 살아나도록 도

인권위원회 사무실에서

와달라고 했다. 그런 부탁이라면 얼마든지 받아들일 수 있었다.

그 이후로 나는 거의 매일 그를 만났던 것으로 기억된다. 성경공부를 하고 기도하며 함께 기도원에 가기도 하면서 13개월을 넘어가고 있었다. 그동안 함께했던 과정과 신앙 체험을 생각하면 그는 회복될 것이라고 믿을 수 있었다. 그런데 어느 날 갑자기 서울대학교 병원에 입원한다더니 아무런 소식 없이 며칠이 지난 후, 그가 세상을 떠났다는 소식이 전해졌다.

그때의 참담함이란 말로 다할 수 없었다. 그렇게 열심히 기도하며 그 긴 시간을 함께했으면 어떻게든 살아나야 했는데 그게 다 소용없는 일이 되고 만다면, 나는 도대체 어떻게 목회를 계속할 수 있겠는가? 목사가 할 수 있는 일은 과연 무엇인가? 나는 혼자 자책하고 실망하고 분노하며 장례 절차를 치러야 했다. 그러고 나서 며칠 후면 러시아 선교지로 갈 일정이 잡혀 있었다.

다소 복잡하고 착잡한 심정으로 모스크바행 비행기를 탔는데, '내가 이러고 다니는 것이 도대체 무슨 의미가 있을까?' 하는 생각이 들기도 했고, 괜히 나 혼자 엉뚱한 일을 하고 다니는 것은 아닐까? 나 자신에게 의심과 자책의 질문을 하기도 했다. 그러면서 모스크바에 도착해서 하루를 머물렀다가 그 뒷날 블라디카프카스로 가는 비행기를 탔다. 블라디카프카스에서 러시아 연방 북오세치아 공화국 인권위원회의 위원장과 회원들을 만나기로 약속되어 있었다.

모스크바의 브누꼬바(Vnukovo) 공항을 출발하여 두 시간 반 만에 베슬란(Beslan) 공항에 도착했을 때, 공항에는 인권위원회의 부회장인 예직을 비롯하여 여러 젊은이가 마중 나와 있었다. 그때 내가 얼마나 어색하게 느꼈었는지 어쩔 줄 몰라 하던 내 마음이 지금까지 기억날 정도이다. 그들은 대단한 국빈(國賓)을 맞이하는 것처럼 나를 환영했는데, 나는 그저 어색했고 어쩔 줄 모를 뿐이었다.

조금 낡긴 했지만, 커다란 벤츠를 비롯한 여러 대의 자동차가 공항에서 대기하고 있었다. 나를 환영한다고 인권위원회 회원들이 공항에서 국빈을 모시고 그들의 사무실로 가는 듯한 그런 카 퍼레이드가 나를 무척이나 곤혹스럽게 만들었다. 이들은 내가 대단한 사람이라고 생각하는 것 같은데, 나는 내가 그런 대단한 사람이라고 그들을 속인 바가 없었다. 그런데도 그들은 이렇게 나를 엄청나게 환영하니, 도대체 나는 어찌할 바를 몰라 할 수밖에 없었다.

4~50분을 달렸을까, 블라디카프카스 시내의 울리짜 레니나(레닌 거리)에 있는 인권위원회 사무실에 도착했을 때, 사무실에는 우리를 기다리는 젊은이들이 가득했다. 그들은 나를 기다리고 있었던 셈인데, 인권위원장인 유리 시다코프가 그런 분위기를 만들어놓은 듯했다. 대외적으로 문을 열어 젊은이들로 하여금 나라 바깥 사정을 체험적으로 알게 하려는 그의 의도가 그런 상황을 만들어놓은 것이다.

북오세치아 공화국 이슬람교의 책임자인 루슬란과 인권위원회 사무실에서 대화를 나누는 중

러시아 연방 북오세치아공화국
인권위원회 신분증(패스포트)

처음에 그들은 나의 이름을 잘못 해석하고 있었다.
'강희'가 이름이고 '창'이 성이라고 생각해서 위에는 '강희' 아래에는 '창'이라고 썼다.
그 아래에는 위원회의 전문위원(expert)이라고 써 있다.

인권위원회 사무실에서 간단한 환영식 행사를 했고, 차와 과자를 나누는 시간을 가지며 그렇게 행사가 마무리될 무렵, 인권위원회의 부회장인 예직이 나에게 이런 질문을 해왔다.

그에게는 초등학교 선생님인 사촌 여동생이 있는데, 그 동생에게 어려운 문제가 있다고 했다. 남편은 경찰관이고 아들도 둘 있는데, 매일 저녁 두세 시간 동안 귀신 들린 행동을 한다는 것이다. 그렇게 귀신이 들릴 때는 아무리 힘센 남자라도 말릴 수 없을 정도로 힘이 세다고 했다. 그러다가 아홉 시나 열 시쯤 되면 정상적으로 돌아오곤 해서, 여동생 본인도 무척이나 곤고한 삶을 살아가고 있다는 것이다. 아침에 학교에 출근해서 일하다가 퇴근할 때까지는 보통 사람과 똑같은데, 저녁 시간만 되면 어김없이 귀신 들린 행동을 하게 된다고 했다.

프로테스탄트 목사 중에는 귀신을 물리치는 능력 있는 사람들이 있다는 이야기를 들었는데, 혹시 목사님도 그런 일을 하실 수 있는지 질문해 온 것이다. 예직의 종교는 러시아 정교회였다.

그때 나는 잠시 생각에 잠겼다. 나는 기도해서 귀신을 쫓는, 그런 쪽에서 일해온 목사가 아니었다. 그런데 지금 여기서 "나는 그런 방향에서 일하는 목사가 아닙니다."라고 대답해 버린다면, 선교와 관련된 중요한 관계들을 포기하게 될 것이라는 생각이 들었다. 내가 그 일을 해낼 수 있든 못하든 간에, 일단 그 제안을 받아들여야겠다는 생각이 들었다. 그래서 나는 이렇게 대답했다.

"어찌 되든 간에 그 집에 한번 가봅시다."

그래서 그다음 날 저녁 시간에 예직의 사촌 여동생인 마리나의 집을 찾아가게 되었다. 마리나의 집은 블라디카프카스에서도 비교적 가난한 동네로 알려진 미하일로프스끼(Mikhailovsky)에 있었다. 오래된 아파트의 1층이었는데, 당시 러시아의 아파트가 그렇듯 겉모습은 그저 그랬지만 집 안으로 들어가면 그런대로 잘 꾸며 놓았다.

초대받은 집에서 우리는 그 집 거실에 자리를 잡고 앉았다. 넓은 거실에 커다란 소파들이 몇 개 놓여 있었고, 다른 의자들도 있어서 열 명 정도가 앉을 수 있게 되어 있었다. 마리나의 남편인 러시아 경찰관 이고리와 그의 경찰관 동료 두 사람이 더 있었다. 이슬람 교도인 의사가 한 사람, 통역자인 고려인 제냐, 동세화 목사, 예직, 나, 그리고 한두 사람이 더 있었다. 우리가 모두 거실에 앉아 있는데, 마리나가 거실의 한쪽 벽을 등진 상태에서 우리를 바라보며 서게 되었다.

마리나는 아라비아 동화에 나올 만큼 신비스럽게 보이는 미인이었다. 눈이 크고 눈썹이 검고 짙어 러시아보다는 중동 쪽에 가까운 미인이었다. 오랫동안 귀신 문제로 시달려서 그런지, 얼굴에는 어두운 수심이 드러나 있었다. 마리나는 교무실로 선생님을 찾아온 문제아 학생처럼 나를 바라보며 거실 한가운데 서서, 내가 무슨 말을 할 것인지 기다리고 있었다.

나는 마리나에게 그동안 당해온 어려움과 관련하여 몇 가지 질문을 했다. 그러고 나서 이렇게 말했다.

"나는 프로테스탄트의 목사인데 내가 지금부터 프로테스탄트의 찬송을 부르고 간단한 설교를 한 뒤, 큰 소리로 기도하게 될 텐데 괜찮겠습니까?"

그러자 마리나는, 오래전부터 그런 일을 기다려왔다는 의미로 고개를 크게 끄덕거렸다.

그 자리에 참여했던 개신교와 관련된 몇 사람이 우리의 찬송가 186장 "내 주의 보혈은 정하고 정하다"를 큰 소리로 부르기 시작했다. 프로테스탄트가 아닌 사람들도 어떻게든 따라 부르거나 아니면 비슷한 소리라도 내려고 애쓰며 협조하려고 했다.

찬송이 다 끝나기 전에, 그 거실에는 서서히 그러면서도 급하게, 위로부터 무겁고 차가운 분위기가 강하게 억눌러 내려오는 듯이 느껴졌다. 갑작스러운 그 분위기에 압도당했는지, 거실에 있던 모든 사람의 눈은 두렵고 당황한 눈빛이 되어 있었다. 거실 한편에 서 있던 마리나 역시 무척 두려워하면서 어쩔 줄 몰라 하는 표정이었다.

위로부터 차갑고 무겁게 내리누르는 어떤 힘이 우리 모두를 억누르는 듯이 느껴졌다. 모두가 그 힘에 압도되어 꼼짝도 못 하고 있었다. 나에게도 그 차가운 두려움이 엄습해 왔다. 이 두려움을 이겨내지 못하면 우리의 영적 싸움은 패배로 끝나고 말 것이라는, 순간적인 깨달음과 경고가 예민하게 뇌리를 스쳐 지나가고 있었다.

바로 그 순간에, 나는 최근 서울에서 겪었던 일들을 생각했다. 열심히 기도하며 기다렸지만 갑작스러운 죽음만이 주어졌을 때, 나는 실망했고 분노해 있었다. 열심히 기도해도 이렇게 되고 만다면 도대체 어떻게 목회를 할 수 있을 것인가? 그때의 실망과 분노가 바로 그 자리에서 솟구쳐 올라왔다.

그 분노는 어쩌면 하나님을 향한 것일 수도 있었다. '그 사람이 이렇게 끝나고 만다면, 우리가 어떻게 목회를 할 수 있습니까?' 하는 의미의 분노였다. 내 마음에서 솟구쳐 오른 그 분노가 순간적으로 그 두려움을 얼마든지 깨뜨릴 것 같은 담대함으로 바뀐 듯이 느껴졌다.

어두움의 권세가 차갑게 억눌러오는 상황에서, 나도 모르는 사이에 그런 분노가 솟구쳐 오르면서, 나는 벌떡 일어나 마리나에게로 다가가 큰 소리로 기도하기 시작했다. 나사렛 예수 그리스도의 이름을 크게 외치며 "어두운 귀신아 물러가라!"라는 외침이 다 끝나기도 전에, 마리나는 풀썩 주저앉듯이 그 자리에 쓰러지고 말았다.

모든 것이 잠시 중단되었고, 조금 있다가 마리나는 스스로 일어섰다. 일어선 마리나는 우리가 당황할 정도로 전혀 다른 얼굴로 일어서 있었다. 그러면서 이렇게 말했다.

"조금 전에 나에게서 무언가가 다 빠져나가는 것을 느꼈어요."

마리나와 그의 남편 이고리

이고리, 마랄, 시다코프, 예직, 마리나, 필자, 마리나의 아들들, 서정훈, 동세화 (왼쪽으로부터)

　그러면서 마리나는 귀신이 쫓겨난 여인에게서 나타날 만한 성경적인 얼굴을 보이고 있었다.

　그런 일이 있고 나서 곧바로 마리나는 우리를 거실 한편에 마련된 커다란 식탁으로 안내했다. 식탁을 덮고 있던 커다란 보자기를 걷었더니, 거기에는 그야말로 진수성찬이 마련되어 있었다. 이미 오래전부터 마리나는 이렇게 되기를 바라며 기다려왔다고 했다. 그래서 오늘도 낮부터 음식 준비를 해왔다고 하는데, 결국 오늘 영적 싸움의 결정적인 승리 요인은 마리나의 간절한 기다림에 있었을 것이라는 생각을 하게 되었다.

　나는 생각지도 못했다가 이런 상황을 맞이한 것이지만, 그 승리와 관련해서 나에게 어떤 요인이 있었다면, 그것은 바로 그 분노에 있었을 것으로 생각했다. 기도하며 기다렸어도 갑작스러운 죽음만 보여주신 그 일에 대한

필자와 마리나

분노가 어두움의 권세를 두려워하지 않는 담대함으로 변하면서 결국 마리나에게서 영적 승리의 열매를 맺게 되었을 것이라고 결론지었다.

　그 이후로 인권위원회 모임에서 종교적인 문제로 예민하게 구는 사람이 없어졌다. 이전에는 인권위원회에 10명 정도가 모이면, 반 정도는 이슬람교도이고 반은 러시아 정교도여서, 프로테스탄트인 나는 그들의 분위기에 끼어들기가 어려웠다. 이슬람 성직자들에게 코란 언어를 가르치는 엘부르즈 교수는 항상 나를 조심스럽게 경계하는 눈빛을 보이기도 했다. 그런데 그 일이 있고 나서는 종교적인 문제로 나를 경계하거나 시비를 걸려는 사람이 없게 되었다.

　회장인 유리 시다코프 자신은 이슬람교도라고 하면서도, 누군가 기도가 필요한 사람이 있으면 나에게 도움을 청했다. 그래서 나는 여러 번 그와 함께 병원 심방을 가기도 했고, 이슬람 마을인 자망꾸에서 마을 사람들을 모아놓고 예수 그리스도의 이름으로 기도하기도 했다.

그때는 그곳이 이슬람 마을인 줄을 모르고 있었는데, 나중에 그 마을이 이슬람 마을이라는 사실을 알게 되었을 때, 그것참 기가 막힐 일이라는 생각을 할 수밖에 없었다.

마리나의 집은 블라디카프카스에서도 미하일로프스키라는 동네에 있었다. 미하일로프스키에서 그 경험을 한 이후로 나는, "미하일로프스키의 하나님!"을 외치며 기도할 때가 생겼다. 어찌할 바를 모르는 상황에서 지치고 화도 나지만, 그래도 기도해야 하는 그럴 때마다 "미하일로프스키의 하나님!"이라고 외치며 기도해 온 것이다.

3
우리는 형제다

"우리는 형제다." - 청포도 넝쿨 아래서

2013년 2월까지 나는 대략 서른 번 정도 북오세치아를 방문한 듯하다. 한 스무 번까지는 숫자를 기억하고 있었는데, 스물두 번, 스물세 번 하는 동안에 정확한 숫자를 잊어버리고 말았다. 아마도 서른 번 정도인 듯하다(이 책이 출판될 때쯤이면 아마도 마흔 번 정도 되었을 듯하다). 처음의 세 번을 제외하고는 항상 블라디카프카스의 꼬미시아 사무실을 먼저 찾아갔다. 거기서 유리 시다코프를 만나면서부터 모든 일정이 시작되곤 했다.

꼬미시아는 나토(NATO) 쪽의 요구를 받아들이는 맥락에서 생겨난 기구라고 했다.

"당신들이 우리 나토(NATO)의 나라들과 관계를 맺으려면, 당신들 소련의 인권 상황을 공개하시오."

"그러면 우리가 어떻게 하면 되겠소?"

"공화국마다 대통령 직속으로 인권위원회를 만들어서 활동하게 하고, 그 활동 내용을 우리에게 공개해 주시오. 유럽 여러 나라 인권위원회와도 교류하게 하시오."

그런 맥락에서 소련 시절부터, 러시아 연방에 속한 공화국마다 인권위원회가 만들어지게 되었다는 것이다.

그런데 인권운동은 소련 어디서도 생소한 활동이었다. 그러니까 러시아 연방에 속한 대부분 인권위원회는 활동이 저조할 수밖에 없었다. 그런데 유일하게 활발하게 움직이는 인권위원회가 있었으니, 그것이 바로 북오세치아의 꼬미시아라고 했다.

북오세치아의 이야기일지 모르지만, 북오세치아의 꼬미시아가 활발했던 것은 분명한 사실이었다. 많은 젊은이가 인권위원회 사무실에 수시로 드나들었고, 갈 때마다 새로운 얼굴들을 볼 수 있었다. 젊은이들뿐만이 아니라 나이 든 사람도 적지 않았다. 그렇게 사람들이 몰려드는 것은 – 동세화 목사의 말로는 – 주로 유리 시다코프 때문이라고 했다.

처음에 유리는 잘생긴 동네 아저씨처럼 보였다. 나이에 비해 상당히 젊어 보이는 편이었다. 내가 처음 만났을 때 그는 60대 초반, 그러니까 노인 반열에 들어서려는 나이였고, 나는 40대 중반이었다. 그는 나보다 열여덟 살 정도 많았다.

그런데 얼핏 보기에 그는 나와 큰 차이가 없는 듯 보였다. 그래서 나는 만나자마자 비슷한 연배의 친구를 대하듯이 대했다. 그런 나를 유리도 친구처럼 대했다. 그러다가 얼마 후 그의 나이를 알게 되었을 때는 참으로 난감했지만, 이미 그렇게 된 것을 어쩔 수 없었다. 우리는 그냥 그렇게 친구처럼 지냈다.

그러다가 한 번 두 번 세 번째 만날 때 우리는 정식으로 형제가 되기로 했다. 그는 많은 사람 앞에서 '우리는 형제'라고 선포했다. 한국 교회에서 '우리는 형제'라는 말은 보통 명사처럼 사용되는데, 오세치아의 그들은 형제라는 말을 문자적으로 해석하려고 했다. 나는 한국 교회의 방식으로 '우리는 형제'라고 말했는데, 그들은 문자적으로 해석한 셈이다. 그래서 그때부터 유리 시다코프와 나 강희창은 문자적인 의미의 형제가 된 것이다.

어느 여름날 유리는 둘이서 함께 가야 할 곳이 있다고 했다(그 여름에는 김영길과 서정훈도 함께 갔다). 우리는 블라디카프카스에서 40킬로미터 정도 떨어진 자망꾸라는 마을로 갔다. 카프카스산맥이 산들의 메이저 리그라면, 그 건너편에 낮은 산들로 이어진 마이너 리그에 해당하는 산맥이 있는데, 자망꾸는 그 낮은 산들의 중턱에 있는 마을이다. 유리는 우리를 조상 대대로 살아온 고향이요, 그의 생가인 자망꾸로 데려간 것이다.

그의 고향 집은 1헥타아르 정도 넓이의 과수원이었다. ㄱ자 형태의 농가를 가운데 두고 한편에는 과일나무가 가득했고, 다른 한편에는 토마토나 감자를 심은 넓은 밭이 있었다.

이슬람교도인 유리 시다코프는 금요일 오후에 자망꾸의 고향 집에 와서 토요일과 일요일까지 열심히 농사를 지었다. 그래서 그 집은 그런대로 생기가 넘치는 농가처럼 보였다. 마당에 세워놓은 몇 개의 쇠 파이프와 그 위에 지붕처럼 얹은 가느다란 각목들 사이로 청포도 송이들이 주렁주렁 열려 있었다. 8월의 산 중턱이라 햇볕이 따가운데도, 청포도 그늘이 시원한 느낌을 주었다.

　명암이 선명했던 청포도 그늘이 흐려지면서 어둠이 서서히 밀려오는 시간에 유리는 마당 풀밭에 길고 허름한 나무 식탁과 의자들을 가져다 놓았다. 연한 푸른색 페인트가 군데군데 벗겨진 나무 식탁 위에 우리는 음식을 가져다 배열해 놓았다. 샐러드 몇 종류, 그들의 과일 주스인 소크, 삶았는지 구웠는지 구분하기 어려운 닭고기, 그들의 전통 음식인 삼겹의 빵 뻬라기, 그리고 여러 종류의 과일이 대략의 상차림이었다. 유리가 주방장이 되고 우리가 모두 주방장 보조가 되어 차린 상이었으니, 모양이나 맛이나 그러려니 하며 함께 식탁을 차렸다.

　식탁이 완성되자, 적당한 자리를 찾아 우리는 모두 자리에 앉았다. 연회장(宴會長)으로 유리가 식탁 한가운데 앉았고, 그 오른편에는 통역자 동세화 목사, 유리의 왼편은 나의 자리였다. 그리고 나의 왼편에는 김영길이, 동세화 목사의 오른편에는 서정훈이 자리를 잡았다.

　유리는 이슬람교도이고, 자망꾸라는 마을은 이슬람 마을로 알려져 있다. 그러니까 유리 시다코프의 가문은 전통적인 이슬람 가문인 셈이고, 그 식탁이 차려진 농가의 마당은 오랫동안 이슬람 사람들이 살아온 장소였다. 우리는 이슬람 마을 한가운데서 무언가를 시작하고 있었는데, 당시 나는 자망꾸가 이슬람 마을이라는 사실을 전혀 모르고 있었다.

　내가 프로테스탄트 목사라는 점을 존중해서인지, 식사 기도는 내가 하기로 했다. 예수 그리스도의 이름으로 기도하면서도 나는 자꾸만 나 자신을 의심하고 있었던 것으로 기억된다. 나는 선교지를 찾아왔는데, 지금 이런 나의 처신이 옳은 것인가? 보다 직접적이고 구체적으로 선교적인 일들을 해야 하는 것이 아닐까? 청포도 송이들 사이로, 식탁의 음식들 사이로 묘한

강박 관념 같은 느낌이 내 마음을 압박해 오는 듯한 시간이 있었다.

그러던 중에, 유리가 일어서서 진지한 표정으로 무언가 중요한 이야기를 시작했다.

"나는 이 집에서 태어나 자랐습니다. 이 집은 조상 때부터 살아온 나의 고향 집입니다. 파스토르(목사) 강과 나는 형제가 되었으니까, 이 집은 이제 나의 집이면서 파스토르 강의 집입니다. 나에게 누이동생이 한 사람 있는데, 소식이 끊긴 지 오래되었습니다. 그리고 나에게 아들(밀란)이 하나 있는데, 지금은 뻬쩨르부르크에서 살고 있습니다. 그러니까 이 집은 우리 두 사람의 집이고, 내가 세상을 떠나면 파스토르 강의 집이 될 것입니다."

유리는 시종 진지한 표정으로 말을 이어갔다. 그 진지한 표정과 그가 한 말의 내용은 나를 당혹스럽게 만들었다.

'이 사람이 무언가 잘못 알고 이러는 것이 아닌가? 한국에서 나는 그야말로 이름 없는 사람인데, 아주 작은 교회, 그것도 지하에 있는 작은 교회의 목사일 뿐이고, 신학교에서 가르친다고 하지만 아직은 박사학위도 없고, 그렇다고 돈을 많이 가져올 수 있는 것도 아닌데 … 그런데 …?!'

나의 곤란하고 어색한 입장을 솔직하게 다 전하기에는 언어와 통역의 장벽이라는 문제가 있었고, 여러 가지 분위기가 이미 어느 선을 넘어와 버렸다는 것이 또한 문제였다. 자세한 이야기를 해서 관계를 원점으로 돌리기에도, 아니면 어느 만큼이라도 되돌리기에도 이미 어렵게 되어버린 상황이

유리 시다코프, 필자, 동세화

었다.

자망꾸는 이슬람 마을이다. 이슬람 전통에는 손님과 친구를 자신의 생명처럼 대하는 관습이 있는데, 형제 관계를 맺을 때 유리는 그 점에 대하여 몇 가지를 말했다. 그때는 당황스럽고 어색한 생각만 들어서인지, 그의 이야기에 어떤 내용이 담겨 있었는지 별로 신경쓰지 않았다.

그런데 이후로 오랫동안 북오세치아와 블라디카프카스에서 나는 유리 시다코프의 동생으로 받아들여지고 있었다. 그런 형제 관계가 바로 그 자망꾸의 여름 식탁, 청포도 넝쿨 아래에서 시작된 것이다.

그때 김영길은 시종 말없이 지켜보고 있었다. 모처럼 그럴듯한 구경거리를 얻은 듯한 표정이었다고나 할까. 김영길은 인형처럼 생긴 동네 꼬마들을 그야말로 인형 대하듯이 함께 놀려고 했다. 자망꾸의 아이들 중에 지파

지파, 필자, 유리 시다코프, 지파의 언니, 김영길(앞줄 오른편으로부터)

라는 이름의 여자아이는 이 세상 어디서도 보기 어려운 예쁜 인형처럼 보였다. 이후에 다시 찾아갈 때 그 아이들을 위한 선물을 들고 찾아가려 했지만, 아이들을 다시 만나기는 어려웠다. 지파네 집이 어디로 이사를 갔는지, 그때 이후로 소식을 들을 수가 없었다.

그 여행에서 돌아온 얼마 후에 김영길은 결혼했고, 지금 그에게는 지파보다 더 예쁜 딸이 하나 있다.

II
베슬란 테러
"아이들아 미안하다"

1
베슬란 출발

베슬란 테러

지금 러시아로 가야겠다!

2004년 한여름이 지나고 9월이 시작되던 어느 날 저녁, 텔레비전에서 러시아 이야기가 나온다고 했다. "심각한 사건이 일어난 것 같다."라고 아내가 소리쳤다. 거실의 텔레비전 가까이 갔더니 베슬란이라는 이야기가 나오는 거 같았다.

베슬란(Beslan)! 카프카스 선교를 위해 내가 해마다 두 번씩 찾아가던 러시아 북오세치아 공화국의 수도인 블라디카프카스 가까이 있는 작은 도시가 베슬란이다. 서울의 국제공항이 인천 영종도에 있는 것처럼, 블라디카프카스의 공항은 베슬란에 있어서 블라디카프카스의 공항을 베슬란 공항이라 부른다. 그 베슬란에서 심각한 테러 사건이 일어났다고 했다. 테러범들이 초등학생 아이들과 부모들을 인질 삼은 채 꽤 오랜 시간이 지났다는 것이다.

평소에는 TV를 잘 보지 않았는데, 바로 그때부터 나는 CNN 뉴스를 지켜보기 시작했다. 중간중간 잠깐 다른 뉴스를 내보내다가 다시 베슬란 뉴스로 되돌아오는 방식으로, CNN은 베슬란 현장에 집중하고 있었다. '혹시 내가 아는 얼굴이 화면에 나오지는 않을까?' 생각하면서 TV 화면에 시선을 고정하고 있었다. 그러던 중에 베슬란 테러는 340여 명의 생명을 앗아가는 끔찍한 사건으로 종결되고 말았다.

내가 지금 그곳에 가봐야 하는 것이 아닐까?

내 친구들과 형제들의 땅인데, 내가 가봐야 하는 게 아닐까?

내 친구들이 희생되지 않았다 해도, 가족이나 친척 중에 누군가는 희생되었을 텐데 ….

여러 생각을 하면서 전화를 걸어 그들의 형편을 물었다. 다행히 내가 아는 사람 중에는 희생자가 없었다. 그런데 전화로 들려오는 그들의 상황은 아주 심각했다.

전화를 받은 러시아 친구는, 지금은 오가는 것이 위험할 테니 시간이 좀 흐른 다음에 찾아오라고 말했다. 그렇지만 내 생각으로는 지금 가야 할 것 같았다. 전화를 내려놓자마자 나는 가족들에게 러시아에 가야겠다고 말했다.

잠깐 사이에 가족들의 얼굴에는 염려와 근심이 보였고, 그러면서도 나를 말리기는 어려울 것 같다는 체념의 표정도 읽을 수 있었다. 전쟁과 테러 관련 뉴스가 자주 들려오는 러시아 북카프카스의 상황을 잘 알고 있었기 때문에, 가족들은 어떻게든 나를 말리고 싶었을 것이다.

거기에 가느냐 마느냐 하는 문제로 의논하거나 설득하려 한다면, 가족들은 동의하지 않으리라 생각했다. 그래서 나는 그저 거기에 가야 한다는 주장을 밀고 나가기로 했다. 그들의 어려운 상황을 잘 알면서 멀리서 바라보기만 해서는 안 될 것 같았다. 어떻게든 거기에 가야겠다는 마음을 누그러뜨리기 어려웠고, 그래서 나의 일방적인 주장을 계속 밀고 나가려 했다.

로스토프를 거쳐 베슬란으로

다음 날부터 떠날 준비를 했고, 가능한 한 빨리 가려고 했다. 그런데 출발 전에 해야 할 일이 있을 듯했다. 북오세치아나 베슬란이라는 이름이 우리나라에 알려진 적이 거의 없을 텐데, 그런 곳에서 갑자기 엄청난 테러가 일어났으니 우선 사람들에게 그들에 대하여 알려야 하지 않을까 생각했다.

동아일보에 전화를 걸었다. "나는 러시아에 여러 번 다녀왔고, 러시아 연방 북오세치아 공화국의 인권위원회에도 소속되어 있는 사람입니다. 그래서 베슬란 테러에 대한 글을 쓰려고 합니다."라고 말했더니, 글을 써서 보내달라고 했다.

그래서 내가 아는 내용을 정리하여 글을 썼고, 동아일보는 기대했던 것보다 크게 글을 다루었다. 사진과 함께 그런대로 중요한 지면에 글이 실린 듯했다. 한국의 대표적인 일간지가 베슬란에 대한 글을 실었고, 그런 신문을 들고 찾아간다는 사실만으로도 그들에게 위로할 만한 무언가를 가지고 가는 듯했다.

수록 : 동아일보 / 2004.9.10

[해외에서 보니/강희창] '평화의 땅'에 그런 참극이 …

　　나는 선교와 신학 연구차 1998년부터 10여 차례 러시아 연방 내 자치공화국인 북오세치아에서 체류하며 그곳 사람들과 친교를 맺었고, 북오세치아 인권위원회의 위원이 되기도 했다. 인권위원회 사람들은 여러 해 전부터 그들의 문화를 바깥세상에 알리는 일을 도와 달라고 했다. 그곳 상공회의소의 책임자는 한국의 산업시설을 돌아보게 해달라는 부탁을 해왔다. 그렇지만 나혼자의 힘으로는 그들의 부탁을 들어주기가 어려웠다.

　　그러나 이번에 수백 명의 인질이 희생된 베슬란 참사가 있고 나서 내가 직접 체험한 그들의 이야기를 한국 사회에 제대로 전해야겠다는 결심을 새롭게 했다. 이번 사건이 일어나기 전까지 한국에서 북오세치아 공화국에 대해 알고 있는 사람은 별로 없었을 것이다. 평화를 사랑하는 사람들이 사는 순박한 나라, 북오세치아가 테러와 죽음의 땅으로만 알려진다면 참으로 안타까운 일이다. TV를 통해 베슬란의 학교 지붕이 폭발하는 모습을 보는 순간 나는 북오세치아의 친구에게 전화를 걸었다. 인구 67만 명의 작은 나라에 사는 그들도 자신에게 닥친 끔찍한 사건이 믿어지지 않는 듯 말을 잇지 못했다.

　　오세치아는 정치적 종교적인 이유로 남북으로 분단돼 있다. 그들은 지구상에서 남과 북으로 갈라진 민족은 한국과 오세치아뿐이라고 말할 정도로 한국에 대해 남다른 동류의식을 갖고 있다. 그것 말고도 오세치아는 한국과 비슷한 점이 많다. 그곳에는 우리가 어릴 적 시골에서 보았던 풍경이 그대로 남아 있다. 마을에 잔치가 열리면 어른들은 상석에 자리 잡고 젊은이들은 주변에 모여 앉는다. 남성과 여성은 따로 앉아서 얘기를 나눈다.

부근의 여러 공화국은 이슬람 색채가 강한 반면 북오세치아는 기독교(러시아 정교회) 분위기가 강하다. 그러나 그들의 기독교나 이슬람교는 평화적이다. 북오세치아와 체첸은 종교적 이질성을 제외한다면 최근 분쟁을 일으킨 적이 없고 특별히 반감을 가질 만한 사건이 발생한 적도 없다. 그런데도 체첸 반군이 이 나라를 타깃으로 삼은 것은 러시아와 기독교에 대한 '대리 희생'의 차원이었을 것이라는 분석이 현지에서는 유력하다. 그래서 북오세치아인들의 허탈감은 더욱 크다.

인명 피해를 최소화하기보다는 사건의 조기 종결에 더 관심을 둔 듯한 러시아의 대응 방식에 비난이 쏟아지고 있다. 러시아의 전쟁기념관에 가 보면 조국을 위해서는 어느 정도의 인명 피해는 감수해야 하고, 더 나아가서는 그런 죽음을 자랑스러워해야 한다는 의식이 곳곳에 배어 있는 것을 느낄 수 있다. 러시아는 그런 전쟁을 통해 대국이 됐을지 모르지만, 나로서는 그런 사고방식을 이해하기 힘들었다. 베슬란의 아이들도 그런 러시아의 역사 속에 태어났고 그런 흐름 속에 조금 일찍 하늘의 부름을 받은 것으로 치부되고 마는 것일까.

하지만 나는 어른들의 잔인한 테러에 무고하게 희생된 아이들을 그냥 보고 있을 수는 없다. 일단 북오세치아 친구에게 1,000달러 정도의 위로 성금을 대신 내 달라고 부탁했다. 조만간 직접 도울 방법을 마련하기 위해 북오세치아를 찾을 생각이다.

강희창 목사·前북오세치아 인권위원회 위원

서둘러 준비한다고 했지만, 사건이 일어나고 20일쯤 후에야 모스크바로 가는 비행기를 탈 수 있었다. 인천공항에서 알게 된 사실인데 베슬란을 취재하려는 언론사에 대해서는 러시아 대사관 측에서 비자를 내주지 않는다고 했다. 나는 모스크바나 뻬쩨르부르크로 가는 여행객인 것처럼 인천공항을 떠나 모스크바를 향했다.

그런데 나는 그냥 여행객으로서 가는 것은 아니었다. 그렇다고 어느 언론사와 관련되어 종군기자처럼 가는 것도 아니었다. 그렇다면 테러와 폭발과 죽음으로 아우성치는 그곳을, 선교와 관련된 일을 하려고 찾아가는 것인가? 주로 목회와 강의의 울타리 안에서만 살다가 쉰 살 즈음의 나로서는 어떤 일탈을 범하고 있다는 느낌을 떨쳐버리기가 어려웠다. 다람쥐 쳇바퀴 도는 듯한 목회와 강의의 틀을 잠시라도 벗어나고 싶어 했던 나는 여행객인 것이 분명했다. 젊어서 한때 르포라이터의 삶을 동경했던 나는, 그때 종군기자 비슷한 마음을 지닌 것이 분명했다. 그러면서도 목회나 강의나 선교를 벗어날 생각은 없었다. 다만 지금까지 살아온 것보다는 좀 더 깊고 넓게 생각해야 한다고, 그래서 잠시 일탈 비슷한 휴가가 필요하다고 생각하며 마음을 정리하려고 했다.

모스크바 공항에 도착해서 고려인 동세화 목사를 만났다. 그는 러시아의 어수선한 상황 때문인지, 개인 사정 때문인지 모스크바 공항까지 나를 맞으러 나왔다. 그는 베슬란으로 직접 가지 말고, 일단 로스토프로 가자고 했다.

로스토프로 가서 오순절 교단(개신교)의 대표를 만난 후에 거기서 기차를 타고 베슬란으로 가자는 것이다. 그렇게 하는 것이 안전을 위해서도 필요한 일이라고 했다. 그래서 그가 하자는 대로, 일단 로스토프로 가기로 했다.

아이를 잃은 사람들

모스크바에서 하룻밤을 자고 난 다음 날 아침, 우리는 모스크바의 브누꼬바 공항에서 국내선 비행기를 타고 로스토프(Rostov)로 향했다. 로스토프 공항은 낡고 오래된 공항인데 역사의 무게를 느끼게 하는 겉모습을 보였다. 고풍스럽다기보다는 낡았다는 느낌이 조금 더 강했던 것으로 기억된다.

공항에 내린 우리는 택시를 타고 로스토프의 오순절 교회를 향했다. 그렇게 오래지 않아, 조금은 고풍스럽고 서민적인 동네에 도착했다. 경사진 골목길을 지나 계단을 올라서, 조금 높은 곳에 오순절 교회가 있었다. 거기서 오순절 교단 관계자들을 만났는데, 그 교회의 빠벨 목사가 러시아 오순절 교단의 대표자라고 했다.

법적 제재와 갈등을 피하면서 선교 활동을 하려면 러시아의 현지 교단과 협력하는 것은 반드시 필요한 일이다. 북오세치아의 어딘가에 교회를 세우게 되면, 그 오순절 교단에 소속하게 하는 것이 바람직하리라 생각했다. 어차피 우리는 그들을 돕는 처지에 서야 할 것이고, 우리의 선교와 그 결과는 그 땅의 주인인 그들을 위한 것이 되어야 하기 때문이다.

그런데 빠벨 목사와 선교에 관한 논의를 하기 전에, 심각하고 안타까운 소식을 들었다. 며칠 전 빠벨 목사의 아들이 세상을 떠났다는 것이다. 스무 살 된 아들이 오토바이 사고로 생명을 잃었다고 했다. 뭐라고 위로해야 할지 ….

"베슬란에서 많은 아이가 희생되었는데, 그 부모들의 슬픔을 함께 느낄 수 있도록 하나님의 종인 당신에게도 이런 슬픔이 허락된 것 같소."

나로서는 그 정도의 위로밖에 할 수가 없었다. 그러고 나서 나는 빠벨에게 여자 시계 하나를 내밀었다.

"이 시계를 당신의 부인에게 주시오. 아들을 잃었으니, 어머니의 슬픔이 가장 크리라 생각되오. 이 시계가 위로가 될 리는 없겠지만, 아들의 어머니를 위로하고 싶은 나의 마음을 이렇게라도 전하고 싶소."

그 시계는 모즈독의 박엘라에게 주려고 인천공항 면세점에서 산 것인데, 그때 내가 빠벨에게 건넬 만한 것은 그것밖에 없었다.

그날 저녁에 우리는 베슬란으로 가는 기차를 타기로 했다. 지금은 외국인이 베슬란으로 들어가는 일이 어려운 시기이니, 기차를 타는 것이 조금은 더 안전할 것으로 의견을 모았다.

"그러니까 밤 기차를 타서 새벽에 블라디카프카스에 도착하는 것이 좋겠습니다."

동세화 목사의 제안대로 우리는 오순절 교회를 나와 로스토프의 기차역으로 향했다.

로스토프는 베슬란에서 북쪽으로 4~500킬로미터쯤 떨어진 도시인데, 베슬란 테러 때문인지 군인들의 검문이 삼엄했다. 역으로 가던 중에 몇 번의 검문을 당하고 나서 로스토프 역사(驛舍)에 들어서려는데, 체격이 크고 험상궂게 생긴 총 든 군인이 우리를 멈춰 세웠다. 제법 엄격하게 검문할 듯한 표정이었다. 그래서 나는 여행 가방을 열 준비를 하며 여권을 내밀었다. 그런데 그 군인은 검문할 생각은 않고 엉뚱한 말을 했다.

"당신 한국 사람 같은데, 혹시 한국에서 가져온 동전이 있으면 나에게 달라."

나는 여행 가방 구석구석을 뒤져 백 원짜리 동전 몇 개를 건네주었다. 그러자 군인은 동전 몇 개를 통행세처럼 받고 나서 아무 일 없었다는 듯이 우리를 통과시켜 주었다. 어쩌면 이것이 러시아다운 모습이 아닐까 하는 생각을 했다. 여행의 긴장감을 조금은 풀어주는 작은 사건이었다.

어두운 창가를 스쳐 가는 자작나무들

러시아의 기차는 다소 낡기는 했지만, 품위가 있어 보였다. 거친 시대의 격류를 따라 흘러온 러시아 근대사의 증인처럼 보이기도 했다. 이 거친 땅에서 수천만 명의 사람들이 피 흘리며 죽어가는 동안, 러시아의 기차들은 바로 그 한가운데를, 때로는 그 곁을 따라 열심히 달려왔을 것이다. 그런 생각을 해서인지, 오랫동안 그 땅에 묻혀 있던 고통스럽고 비밀스러운 이야기들이 기차의 경적과 함께 내 마음 깊은 곳으로 달려드는 듯했다.

우리는 침대칸에 탔다. 가운데 통로가 있고, 양편에 침대가 2층으로 설치된 침대칸이었다. 동세화 목사와 나는 서로 마주 보도록 1층에 자리를 잡았다. 우리는 오랜만에 밤새도록 많은 이야기를 나눌 수 있게 되었다.

이런저런 이야기를 하다가 무언가를 사다 먹고, 차표를 검사하느라 왔다 갔다 하고, 어두운 창가를 급히 스쳐 가는 하얀 자작나무들을 바라보고,

다리를 건너는지 기차 바퀴 소리가 요란스러워지다가 조용해지기도 하고, 그러기를 반복하다가 차창 너머로 어슴푸레 새벽빛이 비쳐왔다. 그 빛이 조금 더 밝아져 올 무렵, 기차는 베슬란에 도착했다. 우리는 조금 더 가서 종착역인 블라디카프카스 역에 내려야 한다. 거기서 러시아의 친구들을 만나기로 했다.

새벽빛에 반사되는 유리창 너머의 베슬란 풍경은 어떤 말로도 표현하기가 어려웠다. 얼마 전에 심각한 고통을 겪어서인지, 역사(驛舍)에 오고 가는 사람은 많았지만 조용하게만 느껴졌다. 그런 베슬란에 오래 머무는 것이 부담스러운지, 기차는 이내 출발했다. 조금 있으면 종착역인 블라디카프카스이다. 어제 출발할 때 유리 시다코프에게 전화를 했으니 누군가가 역에 마중 나올 것이라고 했다.

베슬란을 떠나 한 이십 분쯤 갔을까, 기차는 종착역인 블라디카프카스에 도착했다. 얼마 전에 큰 테러가 일어난 곳이니 정신을 바짝 차려야 한다. 테러범 중에는 외국인들도 있었다고 하니, 외국인에 대한 검문이 어느 때보다 심하리라 생각되기도 했다.

여행용 캐리어의 손잡이를 꽉 붙잡고, 다른 손에는 또 다른 가방을 들고 동세화 목사와 나는 기차에서 내려섰다. 내려서서 조금 걸어가는데, 바로 저 앞에서 유리가 반갑게 웃는 얼굴로 기다리고 있었다. 그가 직접 마중 나온 것은 좀 특별한 일이었다.

유리 시다코프는 러시아 연방 북오세치아 공화국의 대통령 직속 인권위원회의 위원장이다. 여기서는 장관에 해당하는 직위이다. 그는 나보다 열여덟 살이나 위이다. 처음 인사할 때 나이를 잘 몰라서 형과 아우가 되었는데, 그와 나 사이에는 한 세대의 차이가 있었다.

생각지도 못했는데, 유리 시다코프가 역(驛)에서 그것도 기차 바로 곁에서 우리를 기다리고 있었다. 그가 직접 나오는 경우가 이전에는 없었다. 당시의 현지 상황이 위기감을 느끼게 했던지, 그가 직접 역으로 나와서 그것도 역사 안으로 들어와 우리를 기다렸던 것이다.

그와 나는 형제이다. 그는 동생인 나의 가방 하나를 빼앗듯이 붙잡더니 성큼성큼 앞서 걷기 시작했다. 우리는 말없이 그를 따라 걸었다. 일단 우리는 꼬미시아(Commission) 사무실로 갔다. (꼬미시아: 러시아어로 위원회라는 뜻이다. 인권위원회를 줄여서 꼬미시아라고 불렀다.)

테러 현장으로

꼬미시아 사무실은 블라디카프카스 중심가의 레닌 거리(울리짜 레니나)에 있다. 울리짜 레니나는 대통령 집무실을 비롯한 공공 건물들이 몰려 있는 도심(都心)에 해당하는 지역이다. 서울 같으면 광화문과도 같은 곳인 셈이다.

꼬미시아 건물은 오래된 건물이다. 건축 양식으로 볼 때 100년은 넘은 듯이 보였다. 공산주의 소련 시절, 그 건물에서 많은 사람이 희생된 학살 사건이 일어난 적이 있었다고 했다. 꼬미시아 사무실은 건물 1층에 있다. 건물을 높게 지어서인지 1층 사무실 안에서 길거리를 내다보면 마치 2층에 있는 듯한 느낌을 받기도 했다.

유리와 우리는 너무 일찍 출근했다. 기차가 일찍 도착했기 때문에 그럴 수밖에 없었다. 그런 시간에 나는 유리에게 '베슬란에 대한 나의 글'이 실린 한국의 《동아일보》, 《한국기독공보》, 그리고 《기독교연합신문》을 보여주었다.

나는 조금이라도 빨리 베슬란 테러 현장에 가보고 싶었다. 온 세계의 톱뉴스가 된 그 테러 현장에 조금이라도 빨리 가보고 싶었다. 격렬한 슬픔을 위로하며, 분노와 보복의 격한 감정을 조금이라도 절제하게 만드는 일에 목사인 내가 쓰임 받게 되기를 기대하고 있었다.

사무실에서 쉬면서 기다리던 중에 리따가 출근했다. 그리고 조금 있다가 예직과 비딸리, 그리고 꼬미시아 회원인 꽤 많은 젊은이가 사무실에 나왔다. 그들은 내가 올 것을 이미 알고 있었다. 그들과 일일이 인사를 나눈 후에 유리는 오늘의 일정에 대하여 설명했다. 그러면서 그는 '내가 특별히 원하는 것'이 무엇인지를 물었다.

나는 가능하다면 러시아 정교회 신부와, 그리고 이슬람 쪽의 성직자와 함께 테러 현장에 가고 싶다고 했다. 그런 나의 마음을 사전에 짐작했는지 바로 그 시간에 러시아 정교회 신부 한 사람이 꼬미시아 사무실로 들어섰다. 그는 체격이 크고 잘생긴 젊은 신부였다. 사람들은 그를 티마페이(디모데), 아니면 바추슈카(신부님)라고 불렀다. 그는 러시아 정교회 신부로서 성직자의 정장을 하고 있었다.

유리와 티마페이, 나와 동세화 목사, 예직, 잔나 그리고 꼬미시아 회원 몇 사람이 자동차를 나누어 타고 베슬란 쉬꼴라(베슬란제일초등학교, 영어의 '스쿨'이 러시아어로는 '쉬꼴라'이다)로 향했다.

한 삼십 분을 달렸을까, 우리는 베슬란에 도착했다. 베슬란은 전형적인 러시아의 시골 도시이다. 철로가 베슬란 한가운데를 지나는데, 그 철로를 계속 따라가면 모스크바를 지나 블라디보스토크까지, 즉 북태평양 알래스카 앞에까지 가게 된다. 그러니까 유라시아 횡단 철도의 동쪽 끝에 블라디보스토크가 있다면, 그 서편 끝에 베슬란과 블라디카프카스가 있는 셈이다.

베슬란 쉬꼴라

베슬란 쉬꼴라는 베슬란의 한가운데 있는 듯했다. 도시 입구에서는 별다른 분위기를 못 느꼈는데 학교에 가까이 가는 동안에 '아, 여기서 세계를 놀라게 한 테러 사건이 일어났겠구나!' 하는 느낌을 받았다. 갑자기 많은 자동차가 길거리에 어지럽게 세워져 있고, 무장한 경찰과 군인들이 분주히 오가는 모습을 보니, 바로 그 학교에 가까이 온 듯했다.

체첸은 러시아 연방에 속한 공화국이면서도 때로는 모스크바와 적대관계가 되는, 러시아 외부에서는 이해하기 어려운 관계 속에 살아왔다. 스탈린과 흐루시초프를 거쳐오는 동안에, 북카프카스 지역의 공화국들 사이 경계선이 '민족들 사이 경계'가 아닌 이데올로기적인 권위주의 방식으로 설정되었다는 점이 후대에 와서 해결하기 어려운 갈등 상황을 만들어내고 말았다. 그 결과 생겨난 갈등과 테러와 전쟁으로 인하여 북카프카스 지역은 최근까지도 아주 위험한 지역으로 인식되어 온 것이다.

2
베슬란 현장

삭막한 철 구조물 사이로 파란 하늘이

우리가 베슬란 쉬꼴라를 찾아간 때는, 따가운 여름 햇볕이 아직은 남아 있는 듯한 때였다. 사고가 일어난 지 20여 일이 지났지만, 현장 분위기는 요 며칠 전에 사건이 일어난 듯이 보였다. 여기저기 격렬한 표정들이 가득했다. 분노하며 외치는 사람들, 통곡하는 여인들, 긴장한 표정으로 주변을 감시하다가 이제는 지쳐가는 듯한 경찰관들 ….

나는 유리 바로 뒤편 가까이서 그를 따라다녀야 했다. 테러 현장에 낯선 외국인이 오가고 하는 것이 그들에게는 신경 쓰이는 일이요, 잘못하면 이상한 오해를 받을 수도 있는 일이었다. 불필요한 검문을 피하기 위해서라도 나는 유리와 아주 가까이서 걸었다. 유리도 나에게 각별히 신경을 쓰고 있었다. 유리와 나, 티마페이와 동세화 목사, 예직 그리고 그 뒤로 꼬미시아 사람들 몇이 따르고 있었다.

폭발 사고가 일어난 강당 내부

유리는 나에게 꽃 몇 송이를 건네주었다. 그리고 헌화를 하라는 손짓을 보였다. 경찰관들의 굳은 얼굴이 지켜보는 가운데, 유리를 앞장세우며 우리는 테러 현장으로 들어섰다.

베슬란 쉬꼴라 전체가 테러 현장이지만 사건이 일어난 중심은 농구 코트 하나가 설치된, 그리 넓지 않은 실내 체육관이었다. 체육관 저편 높은 곳에, 그리고 맞은편 높은 곳에 농구 골대가 달려 있었다.

우리가 들어간 입구 쪽은 그래도 괜찮은 편이었는데, 입구 저편에서 강한 폭발이 일어났는지 벽이 심하게 부서져 있었고, 지붕이 뚫려 날아간 곳에는 천장 위로 철 구조물이 삭막하게 드러나 있었다. 삭막한 철 구조물 위로 파란 하늘이 보였다. 폭파와 죽음의 천장을 뚫고서 파란 하늘이 우리를 내려다보는 듯한 느낌이었다.

참사 현장

　실내 체육관 내벽을 따라 수백 명의 희생자 사진이 걸려 있었고, 그 앞에서 우리는 헌화를 했다. 희생자들은 주로 아이들과 엄마들, 그리고 초등학교 선생님들이었다.

　이미 텔레비전으로 많이 봐서였는지, 희생자가 너무 많아서였는지, 남의 나라에 와서 감정 표현을 함부로 해선 안 될 것 같아서였는지, 희생자들의 사진을 둘러보는 동안에 나는 특별한 감정을 표현하기가 어려웠다.

　유리는 앞장서서 입구 반대편의 작은 문을 통과해 안으로 더 들어갔고, 우리는 그를 뒤쫓았다. 화장실인 듯 보이는 곳의 세면대 주변에는 희생된 여자아이들의 옷이 걸려 있었다. 무더운 날씨에 농구 코트 하나 정도 크기의 실내 체육관에 천여 명의 인질들이 여러 날 붙들려 있었기 때문에, 그들은 최소한의 옷만 입고 있어야 했다. 총칼로 무장한 테러리스트들이 그렇게

추모하는 필자

하도록 명령했다는데, 그래야만 인질들도 견딜 수 있었을 것이다.

짐승도 어린 자식을 사랑하는데 …

어두컴컴한 복도를 조금 걷고 나서 2층으로 향하는 계단이 나왔다. 복도나 교실이나 주변이 온통 화산재와 같은 먼지로 수북이 쌓여 있었다. 강한 폭발이 일어나면서 그렇게 된 듯했다. 계단을 오르기 전에 유리는 계단 오른편의 작은 방으로 우리를 이끌었다. 교실이라 부르기엔 너무 작은 아마도 무슨 사무실인 듯이 보였는데, 마룻바닥이 부서지면서 구멍이 크게 나 있었다.

학교 보수 공사에 몰래 참여했던 테러리스트들이 사건이 일어나기 몇 달 전에 바로 그 마룻바닥 아래에 폭탄을 감추어 놓고 있었다고 한다. 그리고 테러 당일에는 별 준비 없이 빈손으로 학교 행사에 참여했다가, 곧바로 이곳으로 와서 마룻바닥을 뜯어내고 폭탄과 무기를 꺼내 엄청난 사건을 일으켰다는 것이다. 그러니까 베슬란 테러는 이미 오래전부터 치밀하게 준비되어 온 사건인 셈이다.

그런데 어찌 초등학교 어린아이들을 대상으로 테러를 계획했을까? 그것도 우발적인 게 아니라 오래전부터 철저한 계획과 준비를 하면서 …. 착잡한 마음으로 그 방을 나와 우리는 2층으로 향하는 계단을 올랐다.

2층에는 여러 교실이 있었다. 어차피 비슷한 교실들일 테니 여러 교실을 둘러볼 필요는 없었지만, 자칫 그들의 마음을 상하게 할까 염려되어 그들이 이끄는 대로 이 교실 저 교실을 천천히 둘러보기 시작했다. 어느 교실에 들어갔을 때, 벽 높은 곳에 커다란 글씨가 두 줄로 쓰여 있었다. 뭐라고 쓴 것인지 그들에게 물었다.

"체첸과 잉구스 놈들아! 짐승도 어린 자식을 사랑한다!"

그렇게 쓰여 있다고 했다.

다음 교실로 들어섰다. 이 교실이나 저 교실이나 비슷했다. 교탁이 있고 칠판이 걸려 있는 그쪽 벽 전체에 수십 발의 탄흔(彈痕)이 있었다. 2~3cm 깊이로 총탄이 예리하게 박힌 흔적이 칠판과 그 주변 콘크리트 벽에 가득했다.

어린아이들을 교실에 가두어 놓고 공포 분위기를 만들려고 했을까?

아니면, 도대체 왜 아이들의 교실 벽을 향해 저렇게 수없이 총을 쏘아야 했을까?

수많은 총알이 벽에 박히는 동안, 아이들의 마음은 어떠했을까?

그렇게 총을 쏜 그들은 무엇을 얻은 것일까?

이 생각 저 생각을 하는 동안, 나는 뭐라고 말할 수 없는 격한 감정에 휩싸이기 시작했다.

인간들은 도대체 왜 이런 짓을 하는 것인가?

어찌 인간이 이렇게까지 해야 하는 것인가?

이렇게 하면서까지 그들이 지키려는 것은 무엇인가?

그래서 그들은 무엇을 얻은 것인가?

이건 도대체 말이 안 되는 일이 아닌가?

수백 명의 아이들이 그들의 땅에서, 그들의 마을에서, 그들의 학교에서 이렇게 죽어야만 했는가?

자기네 아이들이 이렇게 될 때까지 이 나라는 아무것도 할 수 없었는가?

그렇다면 이 나라는 도대체 어떤 나라인가?

그 많은 아이가 이렇게 죽고 말았는데 앞으로도 이런 일이 얼마든지 일어날 수 있을 텐데, 우리는 너무 무력하지 않은가?

이렇게 말도 안 되는 비극이 이 사람들에게서 일어나고 있는데, 나는 이제까지 그 무엇이 그렇게 어렵다고 생각하며 살아왔던 것인가?

이런저런 감정에 휩싸이는 동안 나는 주체할 수 없는 울음을 터뜨리기 시작했다. 눈물이 쏟아져 앞을 가리면서 괴성을 쏟아내고 있었다. 그렇게 터져 나온 감정은 한동안 억제할 수 없었다.

내가 그러는 동안, 유리와 티마페이 그리고 다른 사람들은 교실에서 나가고 말았다. 나를 혼자 두는 것이 좋겠다고 판단한 것 같았다. 나는 그때 한참을 울었고 한참을 소리쳤다.

이렇게 살인한 테러리스트들, 이렇게 희생된 아이들, 그리고 이렇게 찾아온 나와 우리가 모두 똑같은 인간이란 말인가?

살인자에게는 회개와 죄 사함을?

희생자와 가족들에게는 위로와 용기를?

그렇다면 지금의 나 같은 사람에게 필요한 것은 무엇인가?

나는 어딘가를 향하여 그냥 울부짖고 있었다. 하나님을 향하여 울부짖고 있었지만, 반항이나 원망 같은 심정은 아니었다. 어쩌면 오히려 감사하고 있었다. 여기까지 나를 인도하사, 인간 세상의 고통과 비극의 깊이를 체험적으로 보고 알게 하신 하나님!

지금까지 내가 힘들어했던 그 모든 것은 하나도 힘든 것이 아니었다. 여기 이 현장에서 그 무엇이 고통스럽다고, 그 무엇이 슬프다고 말할 수 있을까?

"아이들아 미안하다!"

한참을 울고 소리를 지르고 나서 그 교실을 나왔다. 어두운 먼지 위로

어지러운 발자국 가득한 복도를 따라 나도 발자국을 남기며 그냥 걸었다. 저편 교실 문 앞에서 유리가 기다렸고, 그를 따라 우리는 다른 교실로 들어섰다. 그 교실에서도 벽에 쓰인 커다란 글씨를 볼 수 있었다.

"아이들아 미안하다! 너희가 없는 세상에 우리는 아직 살아 있다."

떠나간 아이들 …
고통과 슬픔 중에 남겨진 사람들 …
계속해서 이런 세상을 만들어가는 또 다른 사람들 …
이 모든 것을 지켜보고 나서
누군가에게 이 사실을 전해야 하는 나와 같은 사람들 …
그들 모두가 그 글 주변을 맴도는 듯했다.

"아이들아 미안하다.
너희들이 그렇게 두려움과 고통 중에 떠났어도
조금 있으면 다 잊어버리고 제각기 자신의 삶을 살아갈 이 세상에서
우리도 역시 그렇게 살아갈 텐데 …
테러의 폭발음 …
수없는 총소리 …
앳된 얼굴에 가득했을 두려움, 공포, 비명 …
조금 있으면 그 모든 것이
역사책의 한두 줄 정도로만 남게 될 텐데 …
기껏해야 〈러시아 현대사의 비극〉이라는 비문(碑文) 정도에 묻혀

잊혀 갈 텐데 …"

그렇다면 이 세상 모든 역사학자는 고개 숙여 그 아이들에게 사과해야
한다.

"아이들아 미안하다.
우리는 아무것도 할 수 없으면서 역사학자라는 이름으로 살아간단다.
희망도 용기도 진실도 전해줄 수 없으면서도
우리는 역사학이나 신학이라는 이름으로 살아간단다.
아이들아 미안하다!"

"베슬란 아이들아 미안하다!
오랜 시간이 지나서 이제야 나는
무언가 말을 하려고, 글을 쓰려고 한다.
아이들아 미안하다!"

아이들의 교실을 빠져나와 운동장으로 나설 때쯤, 나는 자신에게 이런
질문을 하고 있었다.

'나는 왜 여기에 오게 된 것일까?'

많은 선교사가 어떻게든 교회를 세우려 하고, 회심자와 개종자를 얻으
려 할 텐데 … 나는 왜 이렇게 여기에 오게 된 것일까?

DER SPIEGEL

Nr. 53/27.
Deutschland: 3

DIE KINDER VON BESLAN
GESCHICHTE
EINES
VERBRECHENS

독일의 슈피겔지는 당시 베슬란제일초등학교 1학년이었던 '알리코바 지아나'의
상처 입은 얼굴을 표지에 실었다.

베슬란의 희생자 340여 명이 묻혀 있는 묘지

나는 교회의 목사로서 선교적 사명감을 가지고 러시아에 온 것인데 …
그런데 지금 이런 현장을 찾아온 것이 나에게 어울리는 일인가?

그 질문에 대답하는 대신, 나는 자신에게 또 다른 질문을 하고 있었다.

이런 고통과 비극을 우회하거나 회피하면서 복음과 선교를 말해도 되
는가?

고통과 슬픔의 현장을 피해 가면서 구원의 복음을 외친다면, 그건 좀
이상하지 않은가?

구원의 복음을 전한다면서 이런 현장을 피해 갈 수는 없는 것이 아닌
가?

이 고통과 슬픔의 현장이야말로 현대사의 골고다요, 십자가가 아닌가?

기독교와 십자가 복음이 찾아가야 하는 바로 그런 곳이 아닌가?

베슬란 쉬꼴라 현장에 들어설 때만 해도 바츄스카 티마페이와 나는 형식적인 인사를 나눈 정도였다. 그들의 러시아 정교회도 기독교요, 프로테스탄트인 나도 기독교이다. 그런데 그들은 프로테스탄트인 나에 대하여 탐탁지 않게 생각하는 것 같았다.

그러니까 나도 그들과 빨리 친해지려고 의도적으로 애쓰지는 않았다. 그런데 고통의 현장을 함께 돌아보고 울고 소리 지르고 나서 학교를 떠나올 때쯤, 티마페이와 나는 오래된 친구인 듯한 얼굴로 간간이 서로 마주 보며 학교 정문을 걸어 나오고 있었다.

3
베슬란 성금

고통 이후에 남겨진 고통

베슬란 쉬꼴라를 빠져나와 자동차를 타고 조금 가다가 차를 세웠는데, 많은 사람이 웅성거리며 모여 있었다. 희생자 유족을 위한 사무실이라고 했는데, 베슬란 테러를 위한 성금을 접수하고 있었다.

유리를 앞장세워 나도 사무실 안으로 들어섰다. 내 앞에 두세 사람이 줄지어 서 있었고, 그다음 내 차례가 되었다. 사무실에서 일하는 사람들 대부분이 여성이었다. 아마도 희생된 아이들의 어머니들이 주축인 듯했다.

그들은 나름대로 질서와 형식을 갖추어 영수증을 발급했고, 감사의 인사를 했다. 일을 하다가 울음을 터뜨리는 사람들이 있었고, 그런 모습을 보는 동안 나의 눈에도 눈물이 고였다 사라지기를 반복하고 있었다.

사무실에 성금을 접수하고 계단을 내려와 한 10여 미터나 걸어갔을까, 체격이 큰 중년 남자 대여섯 명이 슬픔과 분노에 싸인 얼굴로 나를 막아섰

베슬란의 성금 접수처(유리 시다코프와 필자)

다. 나를 둘러싼 그들은 이해하기 어려운 표정으로 격한 말들을 쏟아놓고 있었다. 당장에 폭력을 행사할 것 같지는 않는데, 무언가 심각한 일이 있는 것은 분명해 보였다. 그들이 무슨 행동을 하든 간에, 일단 러시아 친구들이 가까이 있으니까 큰 사고는 막을 수 있을 것으로 생각하면서, 나는 표정이 흐트러지지 않게 하려고 마음속으로 애쓰고 있었다.

그러는 동안에 유리가 조금은 저자세로 그들 쪽으로 다가섰고, 티마페이와 예직은 나를 보호하려는 듯 내 편으로 조금 더 가까이 다가섰다. 그들은 유리와 한참 무슨 이야기를 했다. 주로 그들만 이야기했고, 유리는 무슨 잘못을 했는지 머리를 숙이며 저자세로 듣기만 했다. 그렇게 한참 이야기를 하고 나서야 그들은 우리에게 길을 열어 주었다.

도대체 무슨 일이 있었던 것일까? 유리는 공화국 인권위원회의 위원장이면서 장관급의 고위 공직자라던데, 그런데 왜 그가 큰 죄를 지은 것처럼

사망자 명단 앞에 선 필자

사망자 명단
(생년월일을 보면 일가족이 모두 사망한 경우도 있다)

그들에게 머리를 숙였던 것일까? 한참을 걷고 나서야 유리는 그 까닭을 말해주었다.

그 중년 남자들은 희생자 유가족들이라고 했다. 성금 접수처에 성금이 꽤 많이 들어온 것으로 알려져 있는데, 그 많은 성금이 도대체 어디로 가는지 알 수 없다고 했다. 어떤 유가족에게는 이미 많이 전해졌지만, 어떤 유가족들은 성금을 받아본 적이 없다는 것이었다.

그러니까 성금 접수처에 성금을 내지 말고, 힘이 들더라도 희생자의 집을 일일이 찾아다니면서 조금씩이라도 나누어 전해줄 수는 없겠느냐는 부탁을 하려고, 그 중년 남자들이 거기에 모여 있었던 것이라고 했다. 며칠 전

그곳에서 만난 생존자들

에 중국인 남자 한 사람이 베슬란을 찾아왔었는데, 그 사람은 그렇게 하더라고 했다.

그런데 나는 이미 성금을 내고 난 후였다. 나는 천 달러의 성금을 했는데, 희생자의 집을 일일이 찾아다니면서 나누어주기에는 너무 적은 돈이 아닌가? 그 중국인은 참으로 대단한 사람이라고 생각했다.

또한 세상 사는 게 참 어렵고도 안타깝다는 생각이 들었다. 소중한 아이들을 잃은 것만도 너무나 고통스러운 일인데, 유가족들에게 성금을 나누어주는 과정에도 만만치 않은 어려움이 따를 것이라 여겨졌다.

나는 그냥 전해주고 가면 그만인데, 아이를 잃은 그들은 앞으로도 한동안 고통스러운 과정들을 겪어가야만 한다. 고난의 역사가 우리의 삶에서 살아 숨 쉬는 방법이 그런 것은 아닐까 생각하면서, 쓸쓸한 마음으로 우리는 어딘가를 향하고 있었다.

4
"이 안에 엄마가"

"이 안에 엄마가 있어요."

그곳을 빠져나온 후에 유리는 나에게 친척 집에 인사를 가자고 했다. 유리와 나는 형제이고, 유리의 친척은 나의 친척이 될 테니까, 이번 테러 사건에 관련된 친척 집에 인사를 가자는 것이었다. 나는 그냥 따라가겠다는 표정으로 응답했다.

자동차를 타고 한 5분 정도 갔을까, 우리는 대(大)저택 앞에 도착했다. 전형적인 러시아의 큰 집이었다. 밖에서는 집 안을 들여다볼 수 없도록 큰 대문으로 가려진 집이었다. 우리나라 같으면 대저택에 해당하는 집이었다.

사전에 연락해서인지, 대문 앞에 주차하는 동안에 집 안에서 사람이 나왔다. 60대 후반인 듯한 할아버지가 우리를 맞아들였다. 그와 유리는 그들의 방식대로 인사를 나눴고, 그는 우리를 커다란 식탁이 있는 응접실 같은 별채로 안내했다.

베슬란 사건과 관련해서 그 집은 아주 중요한 집이었다. 그 집의 어린 손녀가 테러 현장에 붙잡혀 있었는데, 아이의 사진이 전 세계 언론에 전해진 바로 그 아이라고 했다.

어린 소녀가 엄마와 함께 테러 현장인 실내 체육관에 붙잡혀 있었다. 테러리스트들은 실내에 설치된 농구 골대 이편으로부터 저편으로 이어지는 철사를 연결하여 늘어뜨린 중간중간에 폭탄을 매달아 놓고 협상을 진행했다고 한다. 협상이 하루를 넘기고 길어지는 동안, 긴 시간 잠을 못 자서 피곤해서 그랬던 것인지 테러리스트들의 실수로 실내에서 폭탄이 터지고 말았다. 폭발과 함께 사람들이 아우성치며 죽어가는 동안, 폭발에 떠밀려 유리창 밖으로 내던져진 아이가 있었다. 열 살도 안 된 아이가 속옷만 걸친 채로 피를 흘리며 유리창 밖으로 내던져지고 말았다.

그때 유리창 안에는 천여 명의 인질들이 붙잡혀 있었고, 실내 체육관 밖 이삼십 미터 떨어진 여기저기에는 테러를 진압하려는 특수부대 군인들과 경찰들이 총을 겨눈 채 몸을 숨기고 있었다. 그런데 군인과 경찰을 당황하게 만드는 갑작스러운 상황이 나타난 것이다.

피 흘리며 창밖으로 내던져진 아이가 일어서서 걸으려는 것까진 좋았는데, 그 아이는 실내 체육관 쪽으로 돌아가려 하고 있었다. 아이는 자신이 내쳐진 유리창 틀을 붙잡고 올라가서 그 안으로 들어가려고 했다. 유리창 틀이 아이의 키보다 조금 더 높아서인지, 피를 흘리며 정신이 없는 아이가 안간힘을 써가며 창틀을 기어오르려 하고 있었던 것이다.

그 짧은 순간에 경찰과 특수부대 책임자들이 긴급 회의를 했다. 그리고 이런 결론을 내렸다. 아이가 저 안으로 들어가도록 그냥 놔두어서는 안 되겠는데, 아이가 지금 정신이 없는 듯하니 크게 다치게 하지 않는 범위에서 저격수가 아이의 다리 바깥 부분을 정확하게 총으로 쏘자는 결론을 내렸다. 그렇게라도 해서 아이가 총을 맞고 주저앉으면, 어떻게든 아이를 이편으로 끌어오자는 결정을 했다는 것이다.

그래서 저격수가 선정되었다. 선정된 저격수가 숨을 들이쉬다 멈추고 총을 쏘기 직전에, 현장의 경찰 책임자가 아이에게만 들릴 정도의 목소리로 아이를 불렀다.

"그쪽으로 가지 마! 그쪽으로 가면 죽는다."

그렇게 소리치고 나면 이제 그 예쁜 여자아이는 다리 어디엔가 총을 맞고서 쓰러지게 될 것이었다. 그런데 마지막 경고를 들은 아이가 창틀을 기어오르다 말고 소리치는 경찰을 향하여 고개를 돌렸다. 그리고 아이는 안간힘을 다해 이렇게 외쳤다.

"이 안에 엄마가 있어요!"

이 안에 엄마가 있기 때문에, 테러와 죽음의 그 안으로 들어가려고 아이는 창틀에 매달려 있었던 것이다.

"엄마가 이 안에 있어요."라는 말을 듣는 순간 저격수는 총을 내려놓았다. 경찰과 군인들은 잠시 동안 모든 일을 멈추어야만 했다. 그러는 동안, 피 흘리는 아이는 창틀을 열심히 기어올라 그 안으로 들어가고 말았다.

피 흘리던 아이의 모습과 "엄마가 저 안에 있다."라는 아이의 목소리가 아이를 향해 총을 쏘려 했던 저격수의 눈에 눈물이 맺히게 하면서, 테러 현장의 두려움과 죽음의 분위기는 존엄한 인간들의 거룩한 분노의 분위기로 바뀌어 가기 시작했다.

외신 기자들이 아이의 사진을 전 세계로 타전하는 동안에, 베슬란에 대한 보도의 분위기도 바뀌기 시작했다. 무자비한 테러와 죽음의 분위기에서 거룩한 분노와 마음 아픈 인간적인 분위기로 변하기 시작한 것이다.

테러와 공포와 죽음의 현장에서도 우리는 얼마든지 존엄한 인간으로 남아 있을 수 있다. 대단한 용기가 없어도, 특별한 훈련을 받지 않았어도, 순교자의 신앙이 없다고 해도, 공포와 죽음의 현장에서 그 아이는 '인간은 짐승과 왜 다른 것인지?'를 잘 보여준 셈이다.

그 엄청난 테러와 죽음을 바라보는 전 세계 많은 사람의 영혼을 일깨워 준 것이 그 아이의 그 말인 듯했다.

"엄마가 이 안에 있어요. 그래서 나는 안으로 들어가야 해요. 테러나 죽음에 대해선 잘 몰라요. 나는 그냥 엄마가 있는 곳으로 가야 해요."

테러나 죽음보다 훨씬 더 강한 존엄한 무언가를, 자신도 모르는 사이에 우리가 이미 지니고 살아가고 있다는 사실을 새삼 깨우쳐 준 현장이기도 했다.

기독교의 선교사들과 인도적 차원의 봉사자들이 이와 같은 마음으로 온 세계 구석구석을 찾아다니는 그런 날이 와야 한다. 아이가 엄마를 찾아 그 안으로 들어가듯이 말이다.

나이라

엄마를 찾아 죽음의 현장으로 들어간 그 아이와 엄마는 엄청난 폭발과 진압군의 총격 속에서도 살아남았다. 그렇게 살아난 아이가 바로 우리가 찾아간 그 집의 외손녀였고, 아이의 엄마는 그 집의 딸인 나이라였다.

테러 현장의 그 어린 소녀는 지금 독일에 있다고 했다. 독일의 어느 NGO가 아이의 치료와 회복을 위해 독일로 데려갔다는 것이다. 그런데 엄마인 나이라는 지금 그 집에 있다고 했다.

조금 있다가 우리는 나이라를 볼 수 있었다. 그런데 나이라는 우리와 조금 떨어진 곳에서 웃으며 인사할 뿐 가까이 오려고 하지는 않았다. 나이라는 텔레비전이나 영화에서도 찾아보기 어려울 정도의 미인이었다. 키가 크고 얼굴이 작고 하얀, 그러면서도 동양적인 내면을 느끼게 하는 기품 있는 미인이었다.

음식 차리는 일을 거들었고 멀리서 인사를 건네기도 했는데, 이상하게도 우리에게 가까이 오려고 하지 않았다. 가끔 웃기만 할 뿐 아무 말도 하지 않았다. 나중에야 그 이유를 알 수 있었다. 러시아 당국에서 그 가족에게 이런 부탁을 했다는 것이다.

"사태의 조속한 해결을 위해서, 베슬란 뉴스의 초점이 되고 있는 나이라는 당분간 외신과 인터뷰하지 말 것이요. 그 누구와의 대화도, 특히 외국인과의 대화는 삼가해 달라."

형식은 부탁이었지만 거부할 수 없는 명령인 듯했다. 그래서 우리는 어느 만큼 떨어진 거리에서만 나이라를 만날 수 있었다. 그녀는 아무 말 없이 웃기만 했다. 아무 말 없이 한동안 웃기만 해야 그들은 그 어려운 시기를 건너갈 수 있을 듯했다. 그래서 러시아 당국은 나이라에게 그런 부탁(명령)을 했던 것인가?

인사와 식사를 마치고 집을 떠나려 할 때, 거기 있던 모든 사람이 가까이 모였다. 사진 찍을 기회가 주어진 것이다. 그때 나이라도 우리 가까이 다가왔다.

그 집을 나설 때쯤 되어서야 한동안 긴장했던 마음이 사라지고 조금은 인간답게 생각할 여유를 찾은 듯했다. 점심시간이 조금 지난 시간에 우리는 블라디카프카스의 꼬미시아 사무실을 향하고 있었다.

5
베슬란 테러 해석

비교하라 & 선택하라

베슬란 테러를 어떻게 받아들일 것인가? 폭발로 인해 먼지로 가득한 테러 현장에서 어떤 증거 자료를 가져오고 싶었다. 수없이 많은 책과 노트들, 아이들의 필기구와 많은 자료와 도구들이 수북한 먼지로 덮인 채 테러 현장에 버려져 있었다.

한국에 돌아가서 베슬란 이야기를 전할 때 테러 현장의 느낌을 전할 만한 자료가 있었으면 했다. 큰 책이나 노트를 가져가는 것은 비극의 현장에서 절도 행각을 하는 느낌이 들어서, 조그만 카드 같은 것을 하나 집어 들었다. 그러면서 티마페이에게 양해를 구했다.

"내가 이것을 가져가도 되겠는가?"

그러자 티마페이는 내 마음을 알아차렸는지, 그가 직접 책 두 권을 집어 들었다. 폭발 먼지로 뒤덮인 초등학교 교과서들이었다. 한 권은 "우리가 사는 지구 환경"에 관한 책이었고, 다른 한 권은 초등학교 저학년을 위한 국어책(러시아 어)이었다. 감사한 마음으로 받아 먼지를 털어낸 후 가방에 넣었다. 내가 가져가는 이 책이 여기서 희

초등학교 교과서 - 나와 주변 세계

생된 어느 아이의 책이라고 생각하면, 그 두 권은 너무나 소중한 책이라 여겨졌다.

그 두 권의 책을 받기 이전에, 현장에서 내가 집어 든 카드 같은 종이가 있었다. 먼지를 털어내고 들여다보니, 앞뒤로 수학 문제가 쓰여 있었다. 컴퓨터로 채점하려고 시험문제를 그렇게 출제한 듯했다. "1/3과 0.3은 어느 것이 더 큰가?"와 같은 문제들이었다. 초등학교 4, 5학년 정도의 문제가 아닐까 생각되었다.

더 정확히 알고 싶어서 이 문제를 자세히 해석해 보라고 동세화 목사에게 물었다. 한 문제는 이런 문제였다.

"여기 나온 두 개의 숫자 중에서 어느 것이 더 큰지, 큰 것을 선택하시오."

그리고 또 하나의 문제는 이런 것이었다.

"다음에 제시된 몇 개의 숫자를 비교하여 큰 것부터 차례대로 쓰시오."

그러니까 한 문제는 '비교하라', 그리고 다른 문제는 '선택하라' 그렇게 두 문제였다. 한국의 아이들이나 러시아의 아이들이나 비슷하게 공부하며 살아간다는 증거를 보여주는 카드였다.

질문을 가진 젊은이들

자동차로 베슬란을 벗어날 때는 내 어깨에서 어떤 짐이 벗겨지는 느낌이었다. 베슬란을 떠난 지 삼사십 분 후에, 우리는 꼬미시아 사무실에 도착했다. 사무실에는 젊은이들이 가득했다. 그들은 인권위원회(꼬미시아) 회원들이다. 우리나라의 NGO처럼 그들은 꼬미시아 활동을 했다. 그런데 그들의 꼬미시아는 대통령 직속 국가기관이고, 인권위원회의 위원장은 장관급 공직자라고 했다.

베슬란 테러 때문에 꼬미시아 회원들이 할 일이 많아졌다. 꼬미시아의 젊은 회원들은 테러 현장에서 어려운 일을 많이 담당해야 했다. 현장에서 시신을 치우고 뒤처리를 하면서 그들은 많이 분노했고 많이 울었다. 현장에서 일하다가 실신하는 젊은이들도 있었다.

평소보다 많은 젊은이가 꼬미시아에 모였다. 사무실에 모인 젊은이들은 이전부터 나와 친밀한 관계였다. 유리 시다코프는 그들이 나에게 할 말이 있다고 했다. 그들이 나에게 어떤 질문을 하려고 한다는 것이다.

인권위원회의 젊은이들

　도대체 무슨 질문일까? 이 심각한 상황에서 나에게 어떤 질문을 하려고 젊은이들이 모여 있다면, 그 질문은 무엇일까?

　사무실에 모인 그들은 이미 준비가 된 듯했다. 무언가를 위하여 마음이 준비된 모습이었다. 어떤 젊은이는 의자에 앉았고, 또 어떤 젊은이는 벽에 등을 기댄 채 서 있었다. 유리는 나에게 사무실 중심에 있는 의자에 앉으라고 했다. 평소에는 위원장인 유리가 앉는 자리이다. 나는 극구 사양하며 그 바로 옆, 유리 옆에 의자를 놓고 앉았다. 그리고 그들이 나에게 무슨 질문을 해올 것인지 기다리는 마음으로 그들을 바라보았다.

　유리가 간단한 인사를 한 다음 이런 말을 했다. 그 젊은이들이 이런 질문을 해왔다는 것이다.

　"왜 우리에게서만 이런 테러가 일어나는 것인가? 카프카스에는 많은 민족과 나라, 그리고 여러 도시가 있는데, 왜 하필이면 우리 민족에게서만, 여기 블라디카프카스에서만 이렇게 끊이지 않고 테러 사건이 터져 나오는 것인가? 우리는 공산당 70년 동안에도 하나님을 등지지 않았던 신앙이 있는 민족인데, 어찌 우리에게서만 이런 테러가 일어나는 것인가? 당신은 기독교의 목사요 신학자이니, 우리의 질문에 대답을 해줄 수 있지 않겠는가? 우리에게 하나님의 뜻을 말해줄 수 있겠는가?"

어쩌면 예상했던 질문이었다. 예전부터 틈틈이 그들이 이런 말을 해왔다. 카프카스 지역에 많은 민족과 나라가 있지만, 오세치아 민족(그들은 알라니아 민족이라고 부르기도 한다. 알라니아라는 이름이 더 고풍스럽고 품위 있는 이름이라고 생각하는 듯했다.)이 오래전부터 카프카스산맥 일대를 지배해 왔고 문화도 가장 앞선 민족인데, 이 민족의 중심 도시인 블라디카프카스에서 끊이지 않고 테러가 일어나는 것에 대하여 그들은 몹시 안타까워했다. 바로 그 문제가 하나님을 향한 그들의 가장 심각한 질문이었던 셈이다.

카프카스 지역의 많은 민족 대부분이 이슬람 쪽으로 기울었고, 잉구스나 체첸 같으면 거의 다 이슬람인데도, 오세치아의 종교적 분위기는 기독교인 러시아 정교회에 더 가까웠다. 그러니까 그들은 나름대로 성서적 하나님 신앙을 지켜온 셈인데, 그런데 왜 주로 그들에게서만 고통스러운 테러가 일어나는 것인가?

그때 나는 잠깐 마음속으로 이런 생각을 했다.
'그런 질문을 왜 나에게 하는 것인가?'

북오세치아 공화국 국영 TV 기자와 인터뷰 중인 필자

나는 어쩌다 찾아온 사람이고 이곳의 구체적인 사정을 아직 잘 모르는데, 그런데 왜 나에게 그런 질문을 하며 대답을 요구하는가? 왜 하필이면 나인가?

그렇지만 나는 대답을 해야만 했다. 그런데 무슨 대답을 어떻게 해야 하는 것인가? 그들의 역사를 잘 모르면서 그들의 심각한 상황과 관련하여 하나님의 뜻을 말하는 것은 조심스러운 일이다. 그렇다고 해서 '기독교와 이슬람 사이 갈등에 대한 객관적인 이야기'나 하며 상황을 넘기려 한다면, 자칫 또 다른 문제를 일으킬 가능성이 있었다. 그 자리에 모인 젊은이 중에는 이슬람교도도 있었다.

잠시 생각하다가, 가방에서 조그만 종이를 꺼내 들었다. 조금 전 테러 현장의 먼지 쌓인 교실에서 집어 든 바로 그 카드였다. 그 카드를 들고 나는 그들의 질문에 대답하기 시작했다.

"제가 들고 있는 이 작은 카드는 조금 전에 베슬란제일초등학교 교실에서 주워 온 것입니다. 이 카드 앞뒤에는 아이들의 수학 문제가 하나씩 적혀 있습니다. 이쪽에는, 네 개의 숫자를 비교하라는 문제가 있습니다. 그리고 뒤편에는 두 개의 숫자 중에 큰 숫자를 선택하라는 문제가 있습니다.

저는 조금 전 학교의 테러 현장에서 가져온 이 카드를 가지고 여러분의 질문에 대답하려 합니다.

이 카드에는 여러 개의 숫자를 서로 비교하라는 문제가 있습니다. 카프카스 지역에 많은 민족과 나라가 모여 사는데, 그 민족들을 비교하여 생각해 봅시다. 그들 중에서 여러분은 어느 민족보다도 더 역사가 오래되었고 문화를 소중히 여기는 민족입니다.

어느 민족의 공화국에는 대학이 하나도 없다고 하는데, 여러분의 블라디카프카스에는 전통 있는 대학이 여러 개 있습니다. 여러분의 알라니아 민족은 어느 민족과 비교할 수 없을 정도로 역사와 문화가 깊고 훌륭한 민족입니다.

'여러 숫자를 비교하라', '여러 민족을 비교하라'라는 문제에 대한 저의 대답은 바로 그런 것입니다. 그런데 이 카드 뒷면에는 '선택하라'라는 문제가 하나 더 있습니다.

하나님께서 카프카스의 많은 민족 가운데 여러분, 알라니아 민족을 선택하셨다고 생각합니다. 하나님께서 선택하셨다면 왜 선택받은 우리에게 이런 테러가, 이런 죽음과 고통이 주어지는 것인가 질문할 수 있습니다. 저는 성경에 근거한 대답을 하려 합니다.

저는 기독교인이요, 기독교 중에서도 개신교의 목사입니다. 개신교는 성경을 소중히 여기는 기독교입니다. 기독교인들은 구약성경부터 신약성경까지 내용 전체가 예수 그리스도를 전하는 것이라고 믿어 왔습니다. 예수 그리스도의 십자가와 부활의 복음을 전하는 것이라고 말입니다.

하나님께서는 오직 한 분 예수 그리스도를 선택하셔서 하나님의 일을 하게 하셨습니다. 그런데 하나님께서 선택하신 그분을, 하나님께서는 십자가로 보내셨습니다. 죽음을 향하여 보내신 것입니다. 그러므로 하나님께 선택받은 인간은 고난과 십자가와 죽음을 향하여 가게 되는 것입니다.

인간의 눈으로 보기에, 그 고난과 십자가와 죽음으로 모든 것이 다 끝나는 것 같지만, 하나님께서는 바로 그 뒤편에 부활과 승리와 영광을 예비하셨다는 것이 성경이 전하는 가장 중요한 내용입니다. 그것이 기독교의 복음이요, 복음의 핵심이 됩니다.

그러므로 하나님께 선택받은 여러분에게 지금, 그리고 얼마 전부터 이해하기 어려운 테러와 죽음의 사건들이 주어졌다고 생각됩니다. 그런데 그 고난과 죽음과 슬픔은 그것으로 끝나지 않을 것입니다. 이 고난과 슬픔을 통하여 여러분, 알라니아 민족에게 새로운 시대가 열릴 것으로 생각됩니다.

성경에는 역사가 새롭게 시작될 중요한 시기마다 어린아이들이 희생되는 대학살 사건이 일어났습니다.

출애굽 사건 얼마 전에 히브리의 많은 아기가 나일강에 버려지는 유아 학살이 일어났습니다. 예수 그리스도께서 탄생하실 무렵에 베들레헴에서 헤롯의 유아 학살이 일어나기도 했습니다. 그리고 나서 하나님의 새 역사가 펼쳐진 것이 성경적인 역사의 흐름으로 알려져 왔습니다.

여러분에게서도 소중한 아이들이 희생되었으니, 이제 머지않아 여러분, 알라니아 민족에게도 새로운 시대가 열릴 것입니다."

나에게 그 이상은 할 말이 없었다. 그들이 원하는 대답을 얻었는지 못 얻었는지, 그들도 더 이상은 질문하려고 하지 않았다.

베슬란의 테러는 체첸과 잉구스의 합작인 것으로 알려져 있다. 체첸의 테러리스트들이 기획 중심에 있었고, 잉구스의 테러리스트들이 주로 행동 대원 역할을 했다는 것이다.

체첸이나 잉구스나 알라니아나, 민족은 다르지만 모두가 러시아 연방에 속해 있다. 모스크바 연방정부가 볼 때는 그들 모두가 러시아 연방에 속해 있는 것이다. 만일 이 테러 사건으로 인하여 오세치아와 체첸 사이에, 아니면 오세치아와 잉구스 사이에 전쟁이라도 일어난다면, 러시아 연방으로서는 내전(內戰)이 일어나게 되는 셈이다. 그러니까 연방정부로서는 이 테러가 내전으로 확대되는 것을 어떻게든 막아야만 했을 것이다.

베슬란 공항에서 활주로 건너편을 바라보면, 거기에는 잉구스 사람들이 사는 마을이 있다. 그러니까 만일 오세치아와 잉구스 사이에 갈등이 확대된다면, 베슬란 공항은 위험 지역이 될 것 같았다. 돌아오는 길에 베슬란 공항에서 어느 대학의 부총장인 알란에게 물었다.

"베슬란 테러로 인하여 앞으로 전쟁이 일어날 것이라고 예상하십니까?"

"대부분의 사람이 전쟁이 일어날 것이라고 예상합니다."

"그렇게 되면 베슬란 공항으로 다니기는 어렵게 되겠군요?"

"그렇게 될 것입니다."

'아! 그렇다면, 나로서는 이번이 마지막이 될 수도 있겠구나.'

북오세치아 공화국 인권위원장인 유리 시다코프와 잉구스 공화국의 인권위원장 길라니
베슬란 테러 이후의 용서와 화합을 위하여, 두 사람이 만나 대화를 나누고 있다.

나는 베슬란 공항의 구석구석을, 멀리 잉구스 사람들이 사는 마을까지
도 눈을 크게 떠서 찬찬히 바라보았다. 지금 이 시간이 베슬란 공항과는 마
지막이 될 수도 있으니까.

나는 떠나야 할 것이고,
여기 남은 이들은 고통과 슬픔의 파편들을 주워 담으며
마음에도 묻고 땅에도 묻고
그러면서 세월이 흘러갈 텐데 …
오래전부터 카프카스 사람들은 그렇게 살아왔을 텐데 …

나는 다시는 볼 수 없을지도 모르는 베슬란 공항을 떠나고 있었다.

'라스트지나드'
러시아 연방 북오세치야 공화국
국영신문(정부에서 발간하는 신문)

서울과 베슬란
- 우정의 관계(Friendly Relationship)

대통령 직속 인권위원회의 초청으로 3월 31일, 한국의 사회사업 및 종교계 대표자들이 북오세치아에 도착했다. 그들을 대표하는 강희창 목사는 한국(서울)의 신학박사이자 북오세치아 인권위원회의 전문위원이다. 머나먼 길임에도 불구하고, 그는 여러 해 전부터 북오세치아 공화국과 절친한 관계를 유지해 왔으며, 인권위원장 유리 시다코프와는 오랫동안 형제 관계로 지내 왔다.

지난해 베슬란에서 테러 사건이 일어났을 때, 강희창 목사는 북오세치아를 방문했다. 그때 그는 테러가 일어난 베슬란제일초등학교와 묘지를 방문했고, 희생자 가족들에게 직접 성금을 전달하기도 했다. 그때부터 강희창 목사는 인권위원회 위원으로서만이 아니라, 한국과 북오세치아 사이 우정의 관계를 확대하려는 사명감을 가지고 일해 왔다.

이번에 방문했을 때, 강희창 목사는 한국의 개신교를 대표하는 김창인 목사의 위임을 받아, 테러 사건으로 파괴된 베슬란제일초등학교가 다시 문을 여는 일을 돕겠다는 의사를 전달해 왔다. 그뿐만 아니라, 새로 문을 열게 될 베슬란제일초등학교와 서울에 있는 기독교 학교인 영신여자고등학교 여학생들 사이에 자매결연 계획을 제시해 왔다. 선생님과 학생들이 상호 방문하며 문화 교류를 하고, 나아가 더 가깝고 절친한 교류가 진행될 것으로 기대된다.

베슬란제일초등학교가 다가오는 9월에 개교할 때, 김창인 목사와 영신

여자고등학교 석성환 교장의 방문이 예상되고 있다. 한국 대표단들과 베슬란 시장('쁘라바베례즈노프' 지역 위원장)인 블라디미르 하도프 사이에 베슬란제일초등학교의 개교와 관련하여 외국 인사들을 초청하는 대화와 약속이 오갔다. 또한 한국 대표단(김창인 목사와 강희창 목사)에 보내는 첫 초청장에 블라디미르 하도프 시장이 서명했다는 사실을 북오세치아 공화국 당국자들은 이미 알고 있었다.

인권위원장인 유리 시다코프는 더 가까운 관계를 위하여 이미 2004년에 강희창 목사와 서울 대표단들을 초대한 바 있다. 북오세치아의 무역사업부의 카즈벡 투가노프와 한국 사업가 고봉영 씨, 고영일 씨는 서로 만나 앞으로의 경제 교류에 대해 논의했다. 대표단이 방문을 마칠 때 유리 시다코프는 이렇게 말했다.

"앞으로 한국과 북오세치아 두 나라 사이에 경제, 문화, 그리고 인권 활동 교류가 더욱 확대된다면, 머나먼 거리를 사이에 둔 두 민족 간의 거리도 훨씬 더 가까워질 것이 기대된다."

(토흐스로프 코스타 기자)

III

유리의 교통사고, 나의 심근경색,
카프카스의 형제

1
교통사고 - 체포 - 심근경색

유리의 교통사고

베슬란 테러 이후 여러 해 동안 그 분위기가 우리를 지배했다. 나는 가능한 대로 베슬란에 대한 글을 써서 여기저기 알리려 했다. 베슬란 테러 1주기 행사에도 참여했고, 베슬란의 슬픔을 되새기는 흐름 속에 이후 그들과의 관계도 이어갔다. 그런 방식으로 1년에 두 번씩 그들을 찾아갔다.

그러던 몇 해 후, 2007년 7월 초에 러시아에서 전화가 걸려 왔다. 유리 시다코프가 갑작스러운 사고로 세상을 떠났다는 소식이었다. 세상 떠나고 40일이 지나면 이슬람 전통의 기념식이 있으니, 그에 맞추어 조문을 오라는 연락이 왔다. 도대체 뭐가 뭔지 … 어쨌든 나는 그들을 찾아가야 했다. 그 외에는 다른 일을 생각할 수가 없었다.

그들이 요청한 40일에 맞추어 찾아갔을 때, 이슬람의 행사는 특이했다. 우상을 금지한다는 그들의 율법 때문인지, 유리가 입던 옷가지를 늘어

놓고 고인에 대한 기억을 되새기며 인사하거나 입 맞추는 정도 외에는 예식이라 할 만한 것이 없었다.

그들은 별말이 없었다. 유리가 교통사고를 당했다는 이야기 외에 더할 이야기가 없는 듯이 보였다. 그럭저럭 인사를 마치고 그들이 마련해 준 숙소로 가는데, 동세화 목사가 이런 말을 했다.

"유리의 죽음에 대해서는 아무 말도 안 해야 합니다. 말을 잘못하면 다시는 러시아에 못 올 수도 있습니다. 누군가가 유리를 죽게 했다면 10년 안에 누군가 입을 열게 될 겁니다. 누군가를 죽이려 했다면 적어도 세 명 정도는 그 죽음에 관여하기 때문에 ─ 누군가는 그 죽음을 결정했을 것이고 누군가는 명령을 내리고 누군가는 행동에 옮기는 방식으로, 적어도 세 명은 관여하게 되기 때문에 ─ 그 셋 중 하나는 10년 안에 입을 열게 되어 있습니다."

이렇게 말하면서 그것이 러시아의 전통, 문화와 비슷한 이야기라고 했다. 그들의 가르침대로 나는 아무런 말도 하지 않았다.

이제부터 그들과 나의 관계는 어떻게 되는 것인지? 목회나 신학이나 선교나 나에게선 제대로 이루어진 게 하나도 없는 듯한데, 그러면서도 내가 이렇게 먼 곳을 왔다 갔다 하는 것이 나로서도 이해가 잘 안 되는 가운데, 나는 서울로 돌아갔다가 또다시 그들을 찾아가곤 했다. 그렇게 여러 해가 흘렀다.

유리는 교통사고로 세상을 떠났는데, 자동차끼리 정면으로 충돌하는 사고였다. 평소 그는 금요일 오후에 블라디카프카스 근교인 고향 마을 자망꾸로 가서 고향 집에서 주말을 지내다가 월요일 아침에 블라디카프카스로 돌아오곤 했다. 거의 언제나 정해진 일정이었다. 그런데 자망꾸로 가던 길에서, 유리가 운전하던 차가 중앙선을 넘어 맞은편에서 달려오던 자동차와 정면 충돌해 그렇게 되었다고 했다.

유리는 그럴 사람이 아닌데 … 그는 너무나 침착한 사람이었다. 유리의 사촌 동생인 의사가 부검 과정에 참관했다는데, 무언가 석연치 않은 이야기가 있었다. 그렇지만 더 이상의 이야기는 거론하지 않았다. 사고에 관한 이야기는 거기까지였다. 나도 더는 들으려고 하지 않았다.

러시아의 전반적인 환경을 생각할 때, 사건의 진실을 문제 삼으려는 이야기는 더는 의미가 없을 것 같았다. 더 이상 이야기하지 않았다고 해서 진실이나 양심의 문제가 해결되거나 사라진 게 아니라는 점에 대해서도 구태여 말할 필요가 없었다. 그들이나 나나 그 정도는 러시아다운 '묵시적 상식'으로 인정하고 있었던 셈이다.

유리가 세상을 떠나고 착잡하고도 무거운 시간이 흘렀다. 그는 세상을 떠났지만, 나는 이전과 마찬가지로 1년에 한 번이나 두 번 그들을 찾아갔다. 이제는 그만 가도 될 듯했지만, 그래선 안 될 듯하기도 했다. 그들 중 누군가가 "당신은 이제 그만 오라."라고 하던가, 아니면 더 이상 그곳에 갈 수 없는 어떤 상황이 생기든가, 그때까지는 어쨌든 그들을 찾아가려고 했다.

"모즈독에 가야 할지 말아야 할지"

그러던 어느 겨울, 고등학교를 갓 졸업한 나의 딸 강미서를 데리고 블라디카프카스를 찾아갔던 때에 나는 러시아 경찰에 체포되고 말았다. '사전

신고 없이 여행해서는 안 되는 지역'인 모즈독에 신고 없이 찾아갔다는 죄목으로 우리는 경찰에 잡혀가게 되었다.

그날 아침 나는 '모즈독에 가야 할지 말아야 할지?' 망설이고 있었다. 이미 오래전부터 모즈독에서는 되는 일이 없었다. 그럴 수밖에 없는 것이 당시 모즈독의 형편이었다. 한국인 선교사들이 그럭저럭 선교 활동을 하다가 더 이상은 어찌할 수 없어 잠정적으로 포기한 선교지가 바로 모즈독이었기 때문이다.

많은 교회가 선교비를 모아서 교회를 지었는데, 그렇게 지어진 교회는 선교사들끼리의 갈등과 현지 사정을 무시한 부주의로 인해 공식적인 등록을 할 수 없게 되었다. 그러고 나서 선교사들은 교회 건물을 남겨두고 모즈독에서 떠나야만 했다.

1980년대 후반부터 한국인 선교사들이 들락날락했는데, 30년도 채 안 되어 모즈독은 한국인 선교사들을 공식적으로 거부하는 땅이 되고 말았다. 그렇게 될 때까지 말로 다하기 어려운 복잡한 사연들이 있었다. 어쨌든 더 이상 어떻게 할 수 없는 모즈독의 선교 상황은 누구도 접근하기가 어렵게 되고 말았다. '어쩌면 그 뒤처리가 나에게 맡겨진 것이 아닐까?' 가끔 그런 생각을 할 때가 있었다.

가능성 넘어 사고 그 자체에 가까이

2월 어느 날, 금요일 오후부터 눈이 많이 내렸고, 눈이 좀 잦아들면서 기온이 많이 내려갔다.

그러니까 길은 당연히 미끄러울 것이고, 날씨가 이렇고 도로 사정이 이

러하니 어쩔 수 없이 모즈독에 갈 수 없게 되었다고 생각하며 일행과 함께 블라디카프카스의 게오르기네 집에 머물러 있었다.

그런데 그 토요일 아침에 동세화 목사가 모즈독에서 나를 찾아왔다. 나를 모즈독에 데려가려고 온 것이다. 그는 아무런 염려 없다고 했다. 이제는 길이 괜찮아졌다고 했다. 나는 별로 내키지 않았지만 거부할 수가 없었다. 선교지를 찾아간다고 저 멀리 지구 반대편에서 여기까지 온 내가 선교지 모즈독으로 함께 가자는 제안을 거부할 수는 없었다.

택시 한 대에 탈 수 있는 정도만, 그러니까 동세화 목사를 포함해서 네 사람만 모즈독에 가기로 했다. 점심때가 지나 오후 좀 늦은 시간에 동세화 목사는 전화로 택시를 불렀다. 그리 오래지 않아 택시가 그 집을 찾아왔다. 며칠 전에 고등학교를 졸업하여 대학에 들어간 나의 딸 강미서, 신학대학원 1학년 학생인 조이레, 동세화 목사 그리고 나, 그렇게 네 사람이 모즈독으로 가는 택시에 탔다.

택시는 러시아 택시답게 거침없이 달렸다. 거침없이 눈길을 달리는 것은 그렇게 위험한 게 아니었다. 실제로 위험한 것은 눈 쌓인 도로가 아니라 표면이 얼어붙은 도로였다. 도로 표면이 얇은 유리막처럼 얼어붙은 아스팔트를 달리는 것은 위험하다는 말로는 부족했다. 위험하다는 말이 사고의 가능성을 의미하는 것이라면, 표면이 얼어붙은 도로는 가능성을 넘어 사고 자체에 아주 가까이 다가간 것이었기 때문이다.

블라디카프카스를 떠나서 30분쯤 달렸을까, 드디어 그런 길이 나타났다. 겉에는 눈이 쌓여 있는데 눈 밑으로 얇은 얼음막이 덮인 아스팔트 길이 나타난 것이다. 이런 길에서는 천천히 가도 위험할 거 같은데, 러시아 자동차들은 평소와 다름없이 열심히 달리는 듯했다.

한참을 그렇게 달렸는데 50미터쯤 앞서 가던 SUV 자동차가 갑자기 미끄러지면서 중앙선을 넘더니, 반대편 차선 위에서 구르고 미끄러지기를 조금 더 하다가 도로 한편에 넘어진 채로 멈추어 섰다. 우리가 탄 택시는 그 차를 조금 지나서 길가에 멈추어 섰고, 택시 기사와 동세화 목사가 택시를 내렸다. 우리는 그냥 택시 안에 있어야 한다고 했다. 한 삼사 분이나 지났을까 경찰차가 도착해 사고 조사와 뒤처리를 시작했다. 큰 부상자는 없는 듯했다.

내 옆에는 강미서가 앉았고, 그 저편에는 조이레가 앉아 있었다. 강미서와 조이레는 러시아가 처음이고 이런 길도 처음인데, '그래도 우리는 괜찮겠지.'라고 기도하는 마음으로, 조금은 억지로 태연한 표정을 지으며 우리는 계속 모즈독을 향했다.

엘라의 실명(失明)

억지로 끌려가는 듯했지만 내가 모즈독에 가야 하는 중요한 이유가 있었다. 동세화 목사의 아내 박엘라의 양쪽 눈이 다 실명되었다는 소식을 들었기 때문이다. 오랫동안 당뇨병을 앓아오던 중 여러 해 전에 한쪽 눈이 실명되어 수술을 몇 번 받았다고 했는데, 지금은 양쪽 눈이 다 실명되었다는 것이다.

처음 러시아에 갔을 때부터 나는 동세화 목사와 엘라를 알게 되었다. 엘라는 고전적인 한국 여인의 분위기를 지녔다. 그녀는 러시아의 대학에서 공부했고, 선교사들이 세운 신학교에서도 공부를 마쳤다. 말 많은 고려인 사회에서도 엘라는 점잖은 사람이라는 평을 받고 있었다.

그러면서도 한국인 선교사들의 잘못된 언행에 대해서는 나름대로 올바른 판단을 하고 있었다. 많은 무분별한 고려인들처럼 무작정 선교사를 따라다니는 사람이 아니었다. 그렇다고 해서 날카로운 러시아의 인텔리겐치아(intelligentsia, 지식층)처럼 비판했던 것도 아니다. 엘라는 이제 아마도 60대 초반일 것이다(2012년 2월을 기준으로).

엘라는 대단히 똑똑한 사람이 아니고, 사람들 사이에서 두드러지게 나타날 만한 무언가를 지닌 사람도 아니었다. 그런데 그녀는 주어진 환경에서 나름대로 바른길을 가려는 사람이었다. 누군가의 죄악을 예리하게 지적하는 선지자는 아닐지라도, 어려운 환경에서도 흐트러짐이 없는 듯했다. 그래서인지 나도 모르는 사이에 엘라를 친근하게 생각해 온 듯했다. 조금은 존경하는 마음을 지녔던 게 아닌가 생각되기도 한다. 그런 엘라가 완전히 실명했다는 것이다.

남편인 동세화 목사가 집을 떠나 있는 동안, 모즈독의 집에는 앞을 볼 수 없는 엘라만 남아 있다는데, 저 멀리 한국에서 러시아 선교지를 찾아왔다는 목사인 내가 그 모즈독에 가기를 어떻게 거부할 수 있겠는가? 그래서 동세화 목사를 따라 모즈독으로 가는 자동차를 타게 된 것이다.

갑자기 찾아온 러시아 경찰

눈 쌓인 길을 지나고, 차갑게 얼어붙은 길도 지나고, 검문소도 지나고, 우리는 마침내 거리마다 눈이 수북이 쌓인 모즈독에 도착했다. 대문 앞에 자동차가 멈추어 서는 소리를 기다렸는지, 눈먼 엘라가 양팔을 앞으로 뻗어 더듬는 모습을 하며 대문 밖으로 나오고 있었다.

15년쯤 전 엘라가 건강한 중년 여성일 때부터 1년에 한 번 이상 그를 만나온 나로서는, 두 눈이 먼 엘라에게 뭐라고 인사를 해야 할지 알 수가 없다. 인사를 하는 둥 마는 둥 엘라의 두 손을 붙잡고 간단한 인사를 하고, 딸 강미서를 소개하고, 그리고 조이레를 소개하며 우리는 집 안으로 들어섰다.

여기서 며칠은 머물게 될 테니까 가방을 열어 헤쳐 벽에다가 옷을 걸고, 세면도구도 꺼내 놓았다. 나는 어느 침대를 쓸 것인지, 강미서는 어느 방에 그리고 조이레는 어디서 자야 하는지 그럭저럭 말하고 통역을 하는 중인데 갑자기 대문 밖에서 요란한 소리가 들려왔다. 누군가 찾아온 모양인데, 동세화 목사가 마당을 지나 대문으로 나가더니 그들과 큰소리로 다투는 듯했다.

눈먼 엘라도 나가서 동세화 목사 편을 들며 다투는 듯했다. 조금 더 그러다가 동세화 목사와 엘라는 싸움을 포기하는 듯했다. 그러면서 집 안으로 들어오더니 동세화 목사가 우리에게 "옷을 입고 여권을 가지고 이들과 함께 가야 한다."라고 말했다.

그들은 러시아 경찰이었다. 외국인들의 출입을 관리하는 경찰이라고 했다. 우리는 뭐라고 질문할 여유도 없이 벽에 걸었던 겉옷을 다시 걸쳐입고 여권을 확인하며 그들을 따라나섰다. 우리는 경찰차에 탔고, 두 대의 경찰차는 눈이 수북이 쌓인 모즈독 거리를 질주했다. 도대체 이게 무슨 일인가?

우리도 어쩔 수 없다

한 이십 분쯤 달렸을까. 우리가 탄 경찰차는 오래된 2층 건물 앞에 도착했다. 1층은 당구장이었고, 그 건물 2층에 외국인의 출입을 관리하는 경찰 부서가 있다고 했다. 어두워 가는 눈 쌓인 거리 위로 싸늘한 눈발이 휘날리는데, 러시아 사복 경찰에 둘러싸인 우리는 건물 2층으로 향한 계단을 오르고 있었다.

'도대체 어떻게 될 것인지 … 이럴 때는 무슨 말을 해야 하는지 ….'

나는 오래전부터 러시아를 알고 있으니 그렇다 해도, 난생처음 해외여행이라며 러시아를 찾아왔는데 경찰에 붙잡혀 지금은 어두운 계단을 오르고 있는 강미서에게는 무슨 말을 해야 할지, 나를 괜찮은 목사라고 생각하며 따라온 듯한 조이레에게는 또 어떤 말을 해야 할지, 그때처럼 나 자신이 무력하게 느껴진 때도 없었다.

경찰은 외국인 강희창, 강미서, 조이레 세 사람이 러시아의 법을 위반했다고 말했다. 외국인이 모즈독이라는 도시에 들어오려면 사전에 모즈독 경찰에 신고해서 허락을 받아야 하는데, 우리는 그 절차를 밟지 않았다는 것이다.

그게 참 이상했다. 15년 세월 동안 나는 30여 차례 러시아에 왔고, 그 30번 중에 한 번인가 두 번을 제외하고서는 러시아에 올 때마다 모즈독을 찾아왔었다. 언젠가는 모즈독 경찰에 신고하러 갔는데, "당신은 우리가 잘 알고 있다. 당신은 신고하지 않아도 된다."라는 말을 듣기도 했다. 그런데 이번에는 도대체 어떻게 된 일인가?

동세화 목사는 우리보다 더 당황한 듯했다. 우리가 붙잡혀 간 그곳에서 동세화 목사는 큰소리로 항의했다. 그가 큰소리로 항의할 때, 그곳의 책임 자인 듯한 사람은 어쩔 줄 몰라 하며 무언가를 열심히 설명했다. 나중에 알 게 된 일인데, 그 경찰 부서의 책임자는 동세화 목사의 제자라고 했다.

동세화 목사는 모즈독에서 오랫동안 고등학교 역사 선생님이었는데, 한때 동세화 목사에게 배우던 학생이 그곳의 책임자였던 것이다. 예전에 학 생이던 그 책임자는 동세화 목사에게 무척 죄송한 듯한 표정을 지으며 이렇 게 말했다.

"상부 기관에서 전화로 구체적인 연락이 왔기 때문에, 당신들을 이렇게 연행할 수밖에 없었습니다."

그러면서 그는 우리를 향해서도 어쩔 줄 몰라 하는 듯한 표정을 지었다.

심각한 염려와 두려움

그런 분위기도 잠시였고, 우리는 개별적으로 조사를 받기 시작했다. 내 가 먼저 조사실로 들어가고, 강미서와 조이레는 조사실 문 앞 벤치에서 기 다렸다. 조사관이 러시아 말로 질문하면 동세화 목사가 통역했고, 내가 대 답하면 다시 러시아 말로 통역했다. 범죄자가 경찰에서 조사받는 것처럼, 나는 조사를 받기 시작했다.

여러 가지 절차와 형식에 해당하는 질문을 늘어놓는 러시아 경찰 뒤편

창문 밖으로 눈이 날리고 있었다. 주변은 많이 어두워졌고, 어두운 화폭에 하얀 눈이 뿌려지듯 눈이 내리는데, 이게 어찌 된 일인가? 하나님께서는 이런 우리를 향하여 어떤 계획을 가지고 계신 것일까? 도대체 판단할 수 없었다.

이런저런 질문을 하고 대답을 하는 동안에 무언가 심상치 않은 상황이 벌어지고 있다는 사실을 느낄 수 있었다. 내가 받고 있던 조사가 어떤 사실을 알아내기 위한 조사이기보다는, 이미 정해진 과정을 확인하고 인정해 가는 조사인 것처럼 느껴진 것이다.

그런 느낌을 받은 순간부터 내 마음속에 다급한 염려와 두려움이 일어나기 시작했다. 급한 마음으로 간절하게 기도하면서 이런 염려와 불안을 떨쳐버릴 수가 없었다.

조사를 받는 시간은 토요일 저녁에서 밤으로 넘어가는 시간이었다. 내가 조사를 받고 나서 강미서와 조이레도 조사를 받아야 하고, 그러고 나서 재판을 받게 되는 것이라면, 재판은 아마도 월요일 아침이나 되어야 할 텐데 … 그렇다면 우리는 오늘 토요일 밤과 내일 일요일 밤까지 러시아 경찰서의 어디엔가 갇혀 있어야 한다.

나는 그럴 수도 있고, 조이레도 남자이고 신학생이니까 그럴 수 있다지만, 이제 막 고등학교를 졸업한 여자아이 강미서는 어떻게 되는 것인가? 저아이가 러시아 경찰서의 유치장 같은 데서 하루이틀 밤을 갇혀 있어야 하는 것인가?

경찰서 유치장 사정이 열악해 혹시 러시아의 여성 범죄자들과 같은 방에 갇혀 하루이틀을 지내야 한다면 이 일을 어떻게 해야 하는가? 내 마음에는 온통 그 염려와 두려움밖에 없었다. 지금 조사가 진행되는 흐름을 보면 그렇게 될 수밖에 없을 듯했다.

두려움으로 일렁이는 마음

그런 심각한 염려 속에서 조사를 받는데, 갑자기 동세화 목사의 휴대폰이 크게 울렸다. 동세화 목사가 전화를 받고 몇 마디 하더니 자리에서 벌떡 일어서서 조사실을 나가려 했다. 그의 집에서 전화가 왔는데 그의 아내 엘라가 저혈당으로 갑자기 쓰러졌다는 것이다.

집에는 엘라 외에 아무도 없었기 때문에 빨리 가서 응급조치한 다음에 다시 와서 통역하겠다고 했다. 그러면서 그는 쏜살같이 조사실을 빠져나가고 말았다.

조사는 중단되었다. 러시아 조사관과 나는 멍하니 서로를 바라보다가 시선을 피하다가 그렇게 앉아 있었다. 그도 나도 어쩔 수 없었다. 나는 그에게 간단한 러시아어와 손짓으로 "잠깐 조사실 밖에 있는 우리 일행을 만나야겠다."라고 말했다.

동세화 목사가 집에 가서 언제나 돌아올지, 조사는 언제까지 할 것인지, 재판은 어떻게 될 것인지, 모든 염려를 마음속에 누르고 누르며 조사실을 나와 강미서와 조이레의 표정을 살폈다.

의외로 두 사람의 얼굴은 차분했다. 대견하게 보였다. 나는 염려 근심을 억지로 감추며 염려 안 해도 된다고 말했다. 그런데 더 이상 뭐라고 할 말은 없었다. 그들의 표정도 그랬다. 우리가 구태여 어떤 위로의 말을 들어야 하는 것은 아니라는 표정인 듯했다.

시간이 얼마나 지났을까, 동세화 목사가 돌아왔다. 조사는 계속되었다.

나에 대한 조사가 끝나고, 강미서와 조이레에 대한 조사도 끝난 뒤 우리는 지문을 찍는 순서까지 마쳤다.

'자, 그러면 이제 우리는 어느 유치장으로 가게 되는 것인가?
거기서는 나와 강미서를 따로 수용하려 할 것인가?
그렇게 되면 도대체 어떻게 해야 하는가?'

내 마음은 염려와 두려움으로 일렁이기 시작했다. 마음속으로 열심히 기도하고 있었지만, 가슴 속에 일렁이는 파도를 억누르기가 어려웠다.

그때 부서의 책임자가 조사실로 오더니 우리를 이끌고 다시 어디론가 가려는 듯했다. 이제 어느 유치장 같은 곳으로 가려는 것인가? 조사실을 나와 그 건물을 나섰을 때, 이제 밤은 깊었고 눈은 더 많이 내리고 있었다.

바람은 좀 잔잔해진 듯했다. 그들이 이끄는 대로 경찰차를 타려는 순간, 책임자가 동세화 목사에게 중요한 말을 하는 듯했다. 그리고 동세화 목사는 나에게 통역을 했다.

"목사님! 이제 재판받으러 가야 합니다."

그 말을 듣는 순간, 내 마음에서 결정적인 변화가 일어나는 듯했다.

'아! 하나님께서 이제부터 구원의 손길을 나타내려 하시는구나.
이제 더 어렵게 되지는 않겠구나.
이 밤에 재판을 받으면,

강미서는 동세화 목사네 집으로 갈 수 있겠구나.'

심각한 염려와 두려움에서 해방되는 순간이었다. 그렇지만 아직은 내 마음속에서 나 혼자만의 해결이었다.

우리는 재판을 받기 위해 눈 내리는 토요일 깊어가는 밤에 어디론가 가야만 했다. 자동차로 눈길을 한 5분이나 달렸을까, 우리는 법원인 듯한 건물에 도착했다. 고전적인 권위를 보이는 듯한 2층 건물이었다. 토요일 밤이라 그런지 경찰관 한두 명 외에는 사람이 보이지 않았다.

오 년 후에 다시 만납시다

우리를 직접 조사한 경찰과 그 부서 책임자, 그리고 동세화 목사와 나는 법정에서 기다렸다. 조금 기다렸더니 법복을 입은 판사가 재판정에 들어섰다. 체격이 큰 중년의 여성판사였다. 순간 나는 안도의 한숨을 쉬었다.

'아! 판사가 여성이니까 강미서가 재판을 받을 때는 그래도 어떤 배려를 하지 않을까?'

나는 어떤 판결이 내려지든 재판 결과에는 큰 관심이 없었다. 그때 나의 관심은 이런 것이었다. 재판이 토요일 밤에 끝나고 나서 무얼 어떻게 판결하든 간에 일단 강미서와 조이레를 데리고 동세화 목사네 집으로, 그리고 한국으로 돌아갈 수 있다면, 그 외에는 생각하고 싶지 않았다.

재판은 조금 길어지는 듯했다. 판사를 도와 서류를 작성할 사람들이 이미 퇴근했기에, 판사가 직접 모든 일을 일일이 처리하며 재판을 진행할 수밖에 없었다. 조금 길어지는 거야 어쩔 수 없는 일이라 생각하며 우리는 조금 더 빨리 끝나기를 기다렸다. 이윽고 최종 판결을 내릴 시간이 되었다.

판사는 의외로 우리 모두에게 무거운 판결을 내렸다. 우리 각 사람 모두에게 2,500루블의 벌금과 5년 동안 러시아 입국 금지라는 판결을 내린 것이다. 좀 지나치다고 생각했지만, 나는 더 이상 아무것도 생각하고 싶지 않았다.

러시아라는 나라는 겉으로는 나름대로 시스템이 있는 듯하지만, 실상은 소수의 권력자들 마음대로 하는 나라라고 생각해 왔기 때문이다. 저 판사도 법을 따라 판결하기보다는 법 이상의 어떤 지시와 요구를 따를 수밖에 없는 것이 러시아의 형편일 것이라 생각했다. 그래서 나는 그저 감사한 마음으로 판결을 받아들였다. 재판은 그렇게 끝이 났다.

재판을 마치고 법원을 나설 때, 우리를 조사했던 경찰관들에게 이렇게 인사했다.

"우리 때문에 토요일 밤늦은 시간까지 수고가 많았습니다."

그렇게 인사하는 중에, 판사가 퇴근하려고 2층 계단을 내려오고 있었다. 그에게도 인사를 건넸다.

"우리 때문에 밤늦게까지 수고하셨습니다."

그때 나의 인사는 형식적인 인사가 아닌, 진심에서 우러난 인사였다.

Административное дело № 5-28/12

ПОСТАНОВЛЕНИЕ

18 февраля 2012 года

г. Моздок РСО - Алания

Судья Моздокского районного суда РСО – Алания Бондаренко Е.А., рассмотрев материалы об административном правонарушении, предусмотренном ч.1 ст. 18.8 Кодекса об административных правонарушения Российской Федерации (далее - КоАП РФ) в отношении

Кан Хичана, 18.11.1955 г.р., уроженца г. Сеул, Республика Корея, проживающего Республика Корея, г.Сеул, работающего преподавателем семинарии, со слов не привлекавшегося к административной ответственности,

установил:

18.02.2012 в ходе внеплановой выездной проверки по имеющейся информации сотрудниками ОУФМС РФ по РСО - Алания в Моздокском районе выявлено, что гражданин Республики Корея Кан Хичан вместе с гражданами Республики Корея Чо И Ле и несовершеннолетней Кан Месо находился в г. Моздоке РСО - Алания в доме № 11 по ул. Шевчука, без согласования с ОУФСБ РФ по РСО - Алания в г. Моздоке. О чем был составлен протокол серии СОА № 119747 об административном правонарушении, предусмотренном ст.18.8 ч.1 КоАП РФ и материал об административном правонарушении в отношении гражданина Республики Корея Кан Хичана был направлен в Моздокский районный суд.

В судебном заседании через переводчика Дон В.С., отводы которому не заявлены и который предупрежден об административной ответственности по ч.4,5 КоАП РФ за заведомо неправильный перевод, отказ или уклонение от исполнения обязанностей, предусмотренных ч.3 ст. 25.10 КоАП РФ, лицу, в отношении которого ведется производство, Кан Хичану права и обязанности разъяснены, им отводы и ходатайства не заявлены. Кан Хичан пояснил, что в юридической помощи защитника не нуждается, в услугах переводчика нуждается, согласен на участие в рассмотрении административного дела в качестве переводчика Дон В.С.

Согласно ч.1 ст. 18.8 КоАП РФ нарушение иностранным гражданином или лицом без гражданства правил въезда в Российскую Федерацию либо режима пребывания (проживания) в Российской Федерации, выразившееся в нарушении установленных правил въезда в Российскую Федерацию, в нарушении правил миграционного учета, передвижения или порядка выбора места пребывания или жительства, транзитного проезда через территорию Российской Федерации, в отсутствии документов, подтверждающих право на пребывание (проживание) в Российской Федерации, или в случае утраты таких документов в недаче

강희창에 대한 판결문

그들 모두가 자신의 의지로 조사하고 판결하기보다는, 그렇게 할 수밖에 없는 법 이상의 법을 따라 밤늦게까지 수고한 것으로 생각했기 때문이다.

법원의 경찰관이 우리를 위하여 이미 택시를 불러준 듯했다. 택시를 타면서 조사 담당자와 부서 책임자에게 악수하며 이렇게 말했다.

"수고하셨습니다. 5년 후에 다시 만납시다."

그 토요일 밤에 재판을 받고 나서 이틀 후, 월요일에 블라디카프카스를 떠나 모스크바로 왔고, 곧바로 서울로 돌아와야 했다.

서울로 돌아오며 내 마음을 무겁게 짓눌렀던 것은 이런 생각이었다. '내가 다시 블라디카프카스의 그들을 찾아갈 수 있을까?' 하는 것이었다. '갈 수 있다고 해도 적어도 5년 이후일 텐데, 그 5년 동안을 어떻게 견딜 수 있을까?' 하는 생각이 내 마음을 힘겹게 만들고 있었다.

누군가 나를 쫓아낸 것일 텐데…

"이제는 더 이상 이들의 문제에 관여하지 말고, 주어진 목회와 강의에 충실하며 남은 인생을 살아가라."라는 하나님의 뜻이라고 생각하기에는, 무언가 석연치 않은 일들이 남겨진 듯했다. 어쨌든 간에 이런저런 문(門)들이 차갑게, 굳게 닫혀가는 느낌은 어쩔 수가 없었다.

'내가 뭔가 잘못해 온 것인가?'

'내가 길을 잃고 헤매어온 것은 아닌가?'

더 이상 생각하고 싶지 않은 시간이 흐르고 흘렀다.

심근경색

그러던 몇 년 후의 늦겨울 2월의 어느 날(2014. 2. 24.) 새벽 1시 50분경, 잠을 자던 중에 갑자기 극심한 가슴 통증이 찾아와 견딜 수 없었다. 한밤중에 가족들을 깨웠고, 청심환을 찾아 먹으며 어떻게든 집에서 처리해 보려고 했다. 그렇지만 통증은 줄어들지 않았고, 정신을 잃어서라도 통증에서 놓여났으면 좋겠다고 생각하며 119에 전화하도록 했다. 10분도 안 되어 119 응급차가 도착했고, 그들은 응급조치하며 나를 차에 태웠다.

'아! 나도 이렇게 되는구나!'라고 생각하며 앰뷸런스의 침대에 누웠는데, 아파트 정문을 나선 다음 우회전과 좌회전을 두세 번 하면서 한 5분이나 지났을까, 서울성모병원 응급실에 들어온 듯했다.

극심한 통증이 지속되던 중에, 의사는 나에게 절대로 정신을 잃지 말아야 한다고 강력하게 권고했다. 심각한 통증이 지속되던 중에 모든 과정을 처리하고 중환자실로 옮겨졌을 때는, 새벽 4시가 좀 넘은 듯했다. 상황이 발생하고 두세 시간 안에 모든 일이 처리된 셈이다(나중에 의사로부터 들은 이야기인데, 짧은 시간 안에 처리했기 때문에 살아날 수 있었다고 했다).

응급실과 수술실을 거친 후 중환자실에 들어갔을 때부터 극심한 통증이 조금씩 줄어들기 시작했다. 이제 좀 살 것 같았다. 남은 침대가 없어서였는지, 중환자실 한구석의 격리된 독방 같은 곳에 자리 잡게 되었다.

침대에 누운 채로, 조금도 움직여서는 안 된다고 했다. 천정만 쳐다보다가 가끔은 눈을 내리깔아 저 앞을 보며 눈만 껌벅거리는 자세로, 극심한 통증에서 조금씩 풀려나고 있는 것에 감사하고 있었다. 그때 거기서 내가 바라볼 수 있었던 오직 한 가지는 맞은편 벽 조금 높은 곳에 걸려 있는 십자가였다. 예수님께서 십자가에 달리신 로마 가톨릭의 십자가였다.

꼼짝 못 하고 눈만 깜빡거리며 십자가를 바라보면서 한동안 눈물을 흘렸다. 눈물을 닦을 수가 없었고, 닦을 생각도 없었다. 그렇게 눈물을 흘리는 동안 이런 생각을 하고 있었다.

'내가 한밤중에 갑자기 이렇게 된 것처럼, 유리 시다코프도 그렇게 되었을 것이다. 누가 그렇게 만들지 않았어도 그는 그렇게 죽을 수 있었을 것이다.'

그때 갑자기 그렇게 생각하기 시작했다. 하나님께서 나로 하여금 그렇게 생각하도록 만드신 듯이 느껴졌다.

설령 누군가가 유리의 죽음을 의도한 것이었다고 해도, 이제부터 그렇게 생각하기로 했다. 그도 나처럼 이렇게 갑자기 사고를 당했던 것이라고, 그래서 그는 세상을 떠난 것이고, 그런데 나는 아직 여기에 남겨진 것이라고. 꼼짝 못 하고 눈만 껌뻑거리며 누운 채로 그 생각을 하며 하나님께 감사하고 있었다. 그렇게 생각하며 꽤 오랫동안 나를 짓눌러왔던 무거운 생각들로부터 풀려나고 있었다.

비열한 타협이 아니라, 고통스러운 인내 후에 생각지 못한 상황에서 무언가를 새롭게 깨닫게 된 것이라고, 그래서 나를 괴롭혀오던 무거운 짐으로부터 풀려나게 된 것으로 생각하고 말았다.

유리 시다코프는 그냥 사고로 갑자기 죽을 수 있었다. 그는 이미 세상을 떠난 것이다. 아직 남아 있는 사람들은 이제부터 어떻게 할 것인지, 앞으로 그런 방향에 대해서만 생각해야겠다고 마음먹었다.

그로부터 10여 년 세월이 흐른 지금 나는 그때의 그 충돌을 되새기는 중이다. 한 인간의 죽음의 진실을 밝히는 일에 대하여 크게 필요를 느끼지 않는 것은 지금도 마찬가지이다. 그의 죽음을 그냥 그렇게 놓아둔 상태에서 '내가 해야 할 일'이 있을 것 같은 느낌을 가지게 된 것이다.

사건의 진실을 밝혀내고 고발하는 일보다 더 깊고 넓은 의미 있는 길을 찾고 싶었다.

한 인간의 죽음을 보다 더 깊고 넓은 의미의 세계와 연관시키는 것이 바람직하지 않겠는가? 그의 죽음이 새로운 의미의 세계에서 살아 움직이도록 만들게 하려고 생각하게 되었다. 사건과 죽음의 진실을 향하여 초점을 좁혀 들어가기보다는, 초점이 묻힌 근처에서부터 의미를 넓게 펼쳐가는 방향을 바라보려고 했던 셈이다.

그가 어쩌다 사고로 죽었는지 아니면 어떤 의도에 의하여 죽게 된 것인지, 초점을 향하여 좁혀 들어가려 한다면, 그를 죽게 만든 그 의도가 두 번째의 무언가를 준비하게 만드는 일이 될 것 같았다. 참으로 안타까운 일인데, 유리의 부인 타냐는 그 비슷한 흐름 속에서 갑자기 세상을 떠난 것으로 알려져 있다. 남편의 사인을 규명하려는 구체적인 의사를 내보인 후 얼마 안 가서, 집에 혼자 있을 때 갑작스러운 저혈당 쇼크로 타냐는 세상을 떠났다고 했다.

우연히 교통사고로 남편이 세상을 떠나고, 이어서 갑작스러운 저혈당 쇼크로 부인이 세상을 떠나고, 어쩌다 갑자기 세상을 떠나는 일은 일단 거기서 멈추게 하는 것이 나을 듯했다. 러시아의 묵시록 보관소의 자물쇠가 "무거운 어두움을 묻어두는 일에서 이제는 나를 좀 벗어나게 하라."라는 말을 하는 것 같기도 했다.

2
다시 간 러시아

다시 러시아에 갈 수 있을지, 러시아 친구들을 다시 만날 수 있을지, 그런 생각에 붙들린 채 여러 해를 살았다. 그러던 중에 러시아의 친구에게서 연락이 왔다. 5년이 다 되어가는데, 러시아에 다시 찾아올 생각인지, 다시 오겠다면, 필요한 절차를 알아보겠노라고 ….

그렇게 해서 다시 러시아로 가는 절차가 시작되었다. 간단한 일은 아니었다. 법적 기간이 다 되었다고 해서 나를 다시 받아줄 것인지, 모스크바 공항을 통과하는 것도 카프카스의 현지 공항에 들어가는 것도 역시 문제라고 생각되었다. 그렇지만 나로서는 반드시 해결해야 하는 문제였다. 염려가 된다고 해서 가지 않는다면 용기 없는 무책임한 인간으로 남게 될 것 같았다. 그렇게 기다리다가 그해 8월에, 이제는 러시아에 가야겠다고 결심을 굳히게 되었다.

여러 가지로 마음을 졸이며 준비했다. 그리고 나서 인천공항에서 출국

절차를 진행하는데, 무언가 잘못된 것이 있었다. 항공권을 예약하는 과정에서 나의 이름 영문 철자가 잘못되어 있다는 것이다. 출국하는 것은 어떻게든 통과시켜 줄 수 있는데, 돌아올 때는 문제가 될 수 있을 것이라고 했다. 여행사와 항공사에 전화해 해결하려 했지만, 해결이 어렵다고 했다.

이럭저럭 마음에 부담을 안고 모스크바행 비행기를 타게 되었다. 마음을 졸이는 세월과 부담스러운 절차를 거친 후에, 막상 모스크바 공항에 입국할 때는 의외로 간단했다. 예전에 비해 권위적인 절차들이 많이 변해 있었다.

모스크바에서 두 밤을 보낸 후 블라디카프카스 공항을 향하게 되었다. 법적으로는 기간이 지났지만, 공항에서 어떤 문제가 생기지는 않을지 마음을 졸이며 갈 수밖에 없었다.

예전에는 많은 친구가 공항에 마중을 나왔었다. 고위 관리인 친구가 마중 나올 때도 있었고, 공항의 귀빈실을 이용할 때도 있었다. 그런데 그들의 법대로 재판을 받아 쫓겨났던 나를, 그들이 예전처럼 맞이해 줄지는 알 수 없는 일이었다.

현지 공항에 도착해 짐을 찾으려고 기다리며 밖을 내다보는데 마중 나온 사람이 없는 듯했다. 연락은 다 되었을 텐데 아무도 나오지 않았다면, 이 밤에 어디로 가야 할지 간단한 문제가 아니었다.

그렇게 염려하던 중에 저 유리문 밖에서 누군가 반갑게 손짓했다. 친하게 지내던 목사님의 부인이 마중을 나와 있었던 것이다. '아! 당장의 문제는 해결되었구나.' 하면서 짐을 찾아 주차장으로 가는데, 주차장 저편 어둠 속에서 굵은 러시아 남자 목소리가 들려왔다.

새로이 공화국 인권위원장이 된 옛 친구 예직이 성큼 다가오더니, 손을 잡고 포옹하며 감격스러운 만남이 이루어졌다. 그는 자신의 새 자동차를 가리키며, 한국산 기아 자동차라고 소개한 뒤 어둠 속에서 호탕하게 웃었다. 그 자동차에 짐을 싣고 공항을 빠져나올 때쯤, 그들에게 다시 받아들여졌다는 느낌 때문인지 차창으로 들어오는 바람이 너무나 시원하게 느껴졌다(제주일보〈2017.09.17.〉의 칼럼에 실렸던 내용이기도 하다).

3
카프카스의 형제

카프카스의 형제(兄弟)

러시아를 방문하고 돌아와 도저히 잠을 이룰 수 없어 한밤중에 일어나 이 글을 쓴다. "하나님의 말씀을 전하지 않으면 선지자인 너에게 화가 미칠 것이라."라는 〈에스겔〉의 말씀을 생각하면서 ….

나는 왜 이 중요한 일을 피하려 드는 것인가? 이런 일이 내가 그렇게 도 원하던 일일 텐데 말이다. 언젠가 나의 장래 희망은 르포라이터(reportage writer)라고 말하던 적이 있지 않은가? 이 세상에 이 이상의 르포가 어디 있 겠는가?

"러시아 북카프카스의 전쟁과 테러와 유리 시다코프의 죽음." 그런 일 을 세상에 알리는 일이 왜 나의 일이 되어야 하는가? 나는 나 자신에게 '그 게 왜 나의 일인가?'라고 질문하며 외면하려 했던 듯하다. 그런데 그들은 나를 향하여 "그것은 당연히 당신의 일이라."라고 말하는 듯했다.

유리 시다코프와 필자

유리가 살아 있을 때, 나에게 그런 부탁을 한 적이 있었다.

"꼬미시아가 주최하는 모임에서, 인권에 대하여 학문적인 발표를 해줄 수 있겠는가?"

"이슬람 편에서 어느 학자가 나와 발표한다면, 당신은 기독교의 입장에서 인권에 관한 발표를 해줄 수 있겠는가?"

그때 나는 "그렇게 하자."라고 대답은 하면서도, 마음속으로는 이런 생각을 하고 있었다. '그런 일을 왜 나에게 맡기려 하는 것인가? 러시아에 학자들이 얼마나 많은데, 그들 중 누군가에게 맡기면 되지 않겠는가?'라고 말이다.

사실 그때 나는 좀 귀찮게 생각하고 있었다. 학문적 틀을 갖추어 인권에 대하여 발표하는 것은 간단한 일이 아니라고 생각했기 때문이다. 그것도 이슬람 학자들이 함께 참여하는 골치 아픈 모임에서 말이다.

그랬으면서도 한국에 돌아와서는 이런저런 책을 들추며 인권에 대하여 정리를 하기 시작했다. 그런 과정에서 다음과 같은 사실을 새롭게 깨닫게 되었다. 인권에 대한 문제가 학문적으로 거론되기 시작한 것은 종교계에서부터라는 것이다. 그것도 서구 기독교 세계에서부터, 종교적 권력 체계(hierarchy)에 대한 항의(抗議)와 투쟁의 흐름 속에서 인권에 대한 학문적 논의가 싹트기 시작했다는 사실을 확인하게 된 것이다.

인권에 대한 종교적·학문적 세미나를 추구하던 유리 시다코프는, 수시로 정치적 테러가 일어나는 북카프카스의 희망 없어 보이는 상황을 향한 항의(protest)를 보다 구체적으로 시작하려는 의도에서, 아직은 어설픈 기독교 신학자인 나에게 '기독교가 말하는 인권'에 대한 학문적 발표를 부탁했던 것이다. 어디서부터 평화의 희망을 말해야 할지 알 수 없는 카프카스의 상황을 향하여, 일단 '문제의 공론화(公論化)'부터 시작하려 했던 셈이다.

유리가 세상을 떠나고 꽤 많은 시간이 흐른 지금, 지나온 일들을 하나하나 되새기며 이제야 그를 이해하려는 나는 이 글을 쓰면서도 곤혹스럽기만 하다. 그때 조금 더 가까이에서 그의 마음을 이해하려고 했어야 했다. 그런데 그때 나는, '내가 도대체 왜 그 땅에 가게 되었는지' 그것조차도 잘 몰라서 혼자 답답해하고 있었다.

그러면서도 한 번, 두 번 그렇게 그들의 땅에 가고 오고 하다가, 몇 년 전에는 이미 서른 번을 넘어섰다. 그가 세상을 떠난 지 이제 11년이 되었다. 이제서야 나는 어슴푸레 그의 마음을 짐작해 가면서, 그때 유리의 표정들을 떠올리며 이 글을 쓰고 있다.

카프카스의 형(兄)인 유리 시다코프는 저 멀리 앞서가 있다. 그의 동생인 나는 이제야 형의 마음을 헤아리려 하고 있다. 유리가 세상에 남기고 떠난 작은 유리들(말링끼 유리들)과 함께 앞서간 형의 이야기를 되새기려 하는 중이다. 지난번 그들을 찾아갔을 때, 그들에게 이런 약속을 하고 떠나왔다.

"내가 다음에 올 때는 '카프카스의 형제'라는 책을 들고 찾아올 것이다."

유리가 살아 있을 때, 그와 나는 여러 번 그런 이야기를 나눈 적이 있었다. 그런 이야기를 나누고 있을 때, 유리의 마음속에는 '북카프카스의 미래'가 펼쳐지고 있었다. 그런데 내 마음속에서는 '미지의 세계를 향한 선교 여행기' 정도의 그림이 그려지고 있었다.

그러니까 유리의 마음은 좀 급했을 것이고, 나의 마음은 그렇게 급한 것이 없었다. 그렇게 세월이 흐르던 중에, 유리가 세상을 떠난 지 10년이 넘었을 무렵, 나는 말링끼 유리들에게 "내가 다음에 올 때는 '카프카스의 형제'라는 책을 들고 오겠다."라는 말을 남기고 떠나온 것이다.

말링끼 유리(The Little Yuri)

유리는 나에 대하여 말링끼 유리들에게 이런 말을 여러 번 했다고 한다.

"그는 믿을 수 있는 사람이다. 그는 하나님께서 우리에게 보내신 사람이다."

예직으로부터, 그리고 마랕으로부터 그런 이야기를 들었을 때, 몸이 오그라드는 것 같았다. 그건 성서 속에 나온 하나님의 종들에게나 주어질 만한 말이 아닌가? 어찌 이 어설프고 부족한 나에게 그런 말이 주어질 수 있는가? 그들은 그만큼 간절하게 누군가를 기다리고 있었던 셈이다.

희망 없는 북카프카스의 상황과 관련하여 어떤 희망을 가져올 누군가를 기다리던 중에, 아무것도 모르고 그들을 찾아간 나에게 그런 말을 적용하려 했던 셈이다.

그들의 그런 기대를 생각하면 아직도 나는 어설프고 아직도 무언가를 올바르게 판단하기가 어렵다. 그래서 막상 그들에 관련된 글을 쓰려면 아직도 이것저것 망설여야 한다. 그렇지만 이제 더는 그 일을 늦출 수 없다.

마랕의 이런 말이 나를 놀라게 했다.

"당신도 그때 유리의 일에 동참하지 않았습니까?"

나는 마랕에게 이렇게 대답했다.

"그 당시에 나는 러시아 말을 자세히 들을 수조차 없었는데, 그런 심각한 이야기는 통역을 해도 잘 이해할 수가 없었을 텐데, 내가 어찌 유리가 생각하던 그런 일에 동참할 수가 있었겠는가?"

그러자 마랕은 이런 대답을 했다.

"당신에게 자세한 이야기를 하진 않았을지라도, 그 당시에 유리는 당신으로부터 어떤 정신적인 힘을 받고 있었을 것입니다. 당신으로부터 그런 도움을 받으며 유리가 어떤 결정을 했을 것입니다. 그런 방식으로, 당신도 그 일에 동참하고 있었던 것이 분명합니다. 우리는 그렇게 생각하고 있었습니다."

그런데 나는 유리가 하려 했다는 그 중요한 일에 대하여 귀를 기울여 들은 바가 없었다. 자세히 들으려고 하지도 않았다. 러시아 경찰에 체포되어 '러시아 입국 금지 5년'의 판결 이후에 고통스럽게 기다려야 했던 그 기억 때문일까? 유리는 그 일을 하려고 오랫동안 고심하며 준비했을 것이라는 사실과, 그 일에 참여하던 중에 유리는 죽게 되었을 것이라는 정도만 이해할 수 있었다.

유리가 참여하려던 그 일은 정치적 테러를 막는 일에 국제적인 협력을 추구하는 그런 종류의 일인 것 같았다. 유리의 죽음이 겉으로 드러난 그대로 교통사고일 수도 있었고, 교통사고를 위장한 죽임일 수도 있었다. 나는 "그가 그렇게 죽었는지? 누가 그를 그렇게 죽였는지?" 그런 질문을 하거나 또 그런 질문에 대한 답을 찾으려고 할 만한 여유가 없었다.

그런데 누군가가 그를 죽게 했다면, 그런 일을 하려는 유리를 죽여야만 했던 사람들은 어떤 사람들이었을까? 국가의 정보기관이 체첸이나 잉구스의 테러를 막으려는 세력이라 생각하면 내가 너무 순진한 것인가? 그런 사람들이 혹시 정치적 테러가 일어날 것을 사전에 알면서도 모르는 척 놔두고, 이후의 무언가를 노리고 있었던 것은 아닐까? 혹시 그들이 그런 정치적인 테러를 조장하기까지 한 것일까? 보통 사람이 생각하지 못하는 무언가가 그 배후에 있었던 것은 분명하다.

마랕이, "정치적 테러(political terrorism)에 대한 석사 논문을 쓴다."라고 말했던 기억이 난다. 그래서인지 유리에 대하여 깊고 넓은 이해를 올바로 할 만한 사람은 마랕이 아닐까 하는 생각이 들었다.

유리는 그런 일을 추진해 가던 중에 갑자기 그렇게 죽은 것이라고, 마랕은 주장했다. 부인인 따냐가 정신을 차려 유리의 사인(死因)을 밝히려 하던 중에(유리가 죽은 2년 후에), 따냐도 갑자기 세상을 떠나고 말았다. 당시 나는 따냐가 집에 혼자 있다가 갑작스러운 저혈당으로 세상을 떠난 줄로만 알았다.

예직과 마랕이 똑같이 유리에게 들었던 말을 다시 한번 나에게 했다.

"파스토르 강은 믿을 수 있는 사람이다. 그는 하나님께서 우리에게 보내신 사람이다."

그 말을 듣는 순간, 뭐라고 말할 수 없는 위로와 감격이 밀려왔다.

20년 세월 동안 40회 가까이 그렇게 먼 길을 오가며 했던 일이 그냥 이루어진 일이 아니었구나. 유리가 나를 그렇게 생각했구나. 그는 나를 그렇게 의지하고 있었구나. 하나님께서 나를 이 사람들에게 보내셨구나. 나는 그것도 모르고, 내가 하고 싶은 일만 하느라 유리와 관련해서는 더는 생각하지 않으려고 했었는데 ….

'그를 위하여 조금 더 무언가를 할 수 있었는데, 조금 더 무언가를 내놓을 수도 있었는데, 그런데 하나님께서 나에게 허락하신 역할은 그 정도였구나.'라고 생각했다.

언어 능력에서 누군가에게 뒤지지 않는 내가 왜 그렇게 러시아어를 배우지 않았을까? 사실, 러시아 말을 익숙하게 배웠더라면, 여러 가지 문제들이 더 복잡해졌을지도 모를 일이었다.

나는 이제부터 러시아어를 열심히 공부하려고 한다. 이 모든 것을 그들의 언어와 그들의 느낌으로 정리하고 싶기 때문이다. 그것으로 내 인생의 마지막을 꾸려가고 싶다고 생각하고 있는 듯하다.

오랜만에 만난 마랕이 나를 슬프게 했다. 그는 어딘가 좀 무너진 듯이 보였다. 얼굴이 예전 같지 않았다. 걸음걸이도 좀 이상했다. 레스토랑에서 식사하면서 그는 "비즈니스를 하다가 국가에 빚을 지는 바람에 출국할 수 없게 되었다."라는 말을 했다.

그가 왜 그렇게 되었을까? 알라니아 민족의 전형적인 귀족처럼 보이던 그가 왜 그렇게 되고 말았을까? 나중에 예직에게서 마랕에 관한 이야기를 들었다. 마랕은 이제 곧 이혼하게 될 것이고, 그의 집도 은행으로 넘어갈 것이라는 이야기까지 했다. 마랕은 실수와 실패를 몇 차례 거듭하는 동안에 아주 어렵게 되고 말았다고 했다. 그런 마랕이 나에게, "당신은 하나님께서 보내신 사람이다."라는 말을 거듭했다.

블라디카프카스를 떠나면서, 베슬란 공항에서 나는 예직에게 이런 말을 했다.

"마랕이 다시 일어서야 한다. 그가 일어서야만 우리가 일어서는 것이다. 만일 마랕을 도와야 할 경우가 생기면, 그를 도와줘라. 그러면 다음에 올 때 내가 부담할 것이다."

그러자 예직은 '당신은 그런 일에 관심을 가지지 않는 것이 좋을 듯하다'는 표정으로 다른 말을 하려고 했다.

마랕이 예직에게 이런 말을 했다는 것이다. "목사님이 다음에 오시면 그때는 내 집으로 오셔야 한다."라고 말이다. 그런데 예직은 다음에도 목사님은 반드시 우리 집에 오셔야 한다고 힘주어 말했다. 그것은 예직의 말이 옳은 듯했다. 까다로운 절차상의 문제들을 생각하면 예직의 집에 머무를 수밖에 없을 듯했다.

그런데 왜 이렇게 눈물이 나는 것인가? 유리가 그들을 나에게 맡기고 떠난 것 같다. 어떻게든 마랄을 살려보자. 유리가 나에게 맡긴 그들을 어떻게든 보살피자. 어떻게든 마랄이 다시 일어서게 하자. 어떻게든 예직이 더 힘차게 일하도록 만들자. '카프카스의 형제'라는 유리와의 약속은 이제는 예직이나 마랄과 관계된 말인 듯하다.

정치적 테러에 대하여

나는 지금 정치적 테러에 대한 무언가의 가르침을 받는 중이다. 제도와 권력의 정점에서는 언제나 권력 투쟁이 있기 마련이라는 가르침을 실감 나게 받은 듯하다. 제도의 정점에 있는 그들은 거의 언제나 권력 투쟁에 전념하게 된다. 그들의 권력 의지에 맞서는 사람은 생명을 잃게 될 가능성이 크다. 그래서 유리가 그렇게 된 듯하다.

누군가 그를 죽였어도 자연스러운 죽음으로 위장하는 것은 당연한 일이다. 그 사람은 그냥 그렇게 죽게 된 것이라고 말하려 할 것이다. 그들은 사람을 죽이지는 않았다고 말할 것이다.

나는 두려워할 것이 없지 않은가? 나이도 어느 정도 들었고, 인생도 어느 정도 살았는데 더 이상 무엇을 바라며, 무엇을 두려워할 것인가? 그러니까 어떤 형식이든 글을 쓰고 책을 내야 할 때가 되었다고 생각하고 있는 셈이다.

그런데 직설적인 사실 묘사보다는 시적인 비유를 통해 글을 쓰는 것이 더 효과적이지 않을까 하는 생각을 했다. 직접적인 사실 묘사를 통한 고발이 아니라면, 그들도 쉽게 칼을 빼려 하지는 않을 것이다. 단칼에 희생되기보다는, 조금 더 길고도 깊이 있게 상황을 만들어갈 필요가 있을 듯하다. 어차피 이 모든 것이 나 혼자만의 싸움은 아닐 테니까. 어쩌면 그들의 싸움을 돕기 위한 조역으로서 내가 출연한 셈일 수도 있으니까 말이다.

오늘은 주일인데, 어젯밤부터 잠을 못 이루었고 지금은 새벽 4시이다. 한두 시간이라도 잠을 잘 수 있으면 좋을 텐데 …. 순심이(강아지)는 내 무릎에서 깊은 잠이 들었다. 강아지이지만 나를 이렇게 믿고 따르는데, 누군가를 그렇게 믿고 따르는 그 자체가 참 부럽게 느껴진다.

IV
한 인간의 죽음으로부터
보편세계의 이야기로

1
한 인간의 죽음으로부터 '보편'으로

한 인간의 죽음으로부터 '보편'을 향하여

20년이 넘는 세월 동안에 40여 차례 러시아에 오가면서 나는 많이 변해가고 있었다. 많은 아이가 희생된 베슬란제일초등학교의 테러 현장, 갑작스러운 유리의 죽음, 그리고 부인 따냐의 갑작스러운 쇼크사(死). 고통과 죽음은 있으되 말없이 떠밀려 살아가야 하는 사람들의 무력감, 그런 러시아가 나를 '서서히 그리고 깊이' 가르쳐온 듯했다.

그렇게 세상을 떠난 사람들이 있었고, 아직 남은 사람들이 있다. 남겨진 사람으로서 나는 이 세상의 갈등과 분열과 충돌을 바라보는 나름의 체험적 안목을 지니게 된 듯했다.

유리는 열심히 무슨 일을 하고 있었다. 오세치아의 지성인에 해당하는 많은 젊은이가 그런 유리를 따르고 있었다. 그는 무엇을 하고 있었을까? 그는 무엇을 하려고 했을까?

오래전에 두었던 바둑을 애써 복기(復棋)하듯이, 나는 유리에 대한 이런 저런 기억을 되살려 보기로 했다.

이슬람 마을인 자망꾸

유리에 대한 기억 중에 가장 먼저 이야기할 만한 것은 그가 이슬람교도 였다는 것이다. 그는 이슬람교도였고, 그의 고향은 이슬람 마을로 알려져 있었다. 산 중턱의 자망꾸라는 마을이 이슬람 마을인 것은 그 지역 사람들 이 잘 알고 있는 사실이었다.

그런데 나는 처음부터 그 사실을 알았던 것이 아니다. 언젠가 그 지역 에 사는 고려인 동포가 "당신은 기독교 목사이면서 어찌 이슬람 마을을 다 니는가? 위험하지 않은가?"라고 물었고, 나는 그 질문을 통해 그 사실을 알 게 되었다.

유리는 이슬람교도였고, 그의 고향 마을은 전통적인 이슬람 마을이었 다. 그런데 유리가 이슬람교도라고 할 때의 이슬람은 우리가 평소 생각하는 과격한 이슬람과는 성격이 좀 달랐다.

이슬람의 방·기독교의 방

모스크바의 브누꼬바 공항이나 다마제도보 공항에서 비행기를 타고 블 라디카프카스 공항에 내리면, 마중 나온 인권위원회 친구들이 나를 레닌거 리(울리짜 레니나)에 있는 꼬미시아 사무실로 데려갔다. 거기서 사람들을 만나 고, 그들이 이끄는 대로 여기저기 다니다가 저녁 시간쯤 되어 유리는 나를 그 집으로 데려갔다. 꼬미시아에서 그의 아파트까지는 걸어서 10분 정도의 거리였다.

그의 집에 가면 나는 그의 서재에서 지냈다. 서재에 있는 소파를 펼쳐 넓은 침대를 만들면, 그 침대에서 동세화 목사와 내가 잠을 자곤 했다. 그런데 그 서재는 누가 보아도 이슬람 학자의 서재였다. 그는 철학 박사라고 했는데, 아마도 이슬람에 관련된 박사인 것으로 보였다.

그의 서재 책꽂이에는 러시아어로 코란이라고 선명하

러시아가 아프가니스탄을 침공했을 때
유리 시다코프는 '러시아 군사 고문단 대표'였는데,
그 당시 유리의 아프가니스탄 이름은
'누릿 하멜라다'였다고 한다.
그는 아프간의 복장을 했으며 사진 윗부분에
그 이름이 써 있다.

게 새겨진 책들이 여기저기 여러 권 꽂혀 있었다. 처음 그 방에서 잠잘 때는 적진(敵陣) 한가운데서 영적 전쟁을 치르는 기분으로 잠을 자야 했다. 기독교의 목사가 코란이 잔뜩 꽂혀 있는 이슬람 서재에서 잠을 잔다는 것이 어떤 것인지, 그런 나 자신을 어떻게 이해해야 할지 나도 판단하기가 어려웠다.

그런데 그의 집에는 이해하기 어려운 일이 또 있었다. 코란이 가득한 방에서 잠을 자고 나서, 그렇게 넓지 않은 아파트의 다른 방을 돌아보게 되었다. 아파트에는 방이 세 개 있었는데, 안쪽에 있는 방은 그들의 침실이었고, 방 하나는 유리의 서재였으며, 또 다른 방은 부인 따냐의 서재이자 다용

도실 같은 곳이었다.

따냐의 서재에는 다양한 책들이 가득 꽂혀 있는데, 서재의 책꽂이에는 비블리야(성경)가 여러 권 꽂혀 있었다. 거기에 코란은 한 권도 없었다. 유리의 서재가 이슬람의 서재라면, 따냐의 서재는 성경과 신앙 서적이 가득한 기독교의 서재였다.

코란이 여러 권 꽂혀 있는 서재와 비블리야와 신앙 서적이 가득한 서재, 한 집 안에 함께 있는 그 '서로 다름'을 어떻게 받아들여야 할지 잠시 나는 '판단 유예' 같은 태도로 대처할 수밖에 없었다. 코란이 가득한 방에서 깨어난 내가 성경이 가득한 방으로 인도되었을 때 나는 갑자기, 일단 생각이나 판단을 멈출 수밖에 없었다.

유리와 따냐는 누가 보아도 품위 있고, 서로를 존중하며 사랑하는 부부였다. 그들이 신앙의 문제로 갈등하거나 다투거나 하는 일은 생각하기조차 어려워 보였다. 그들은 북카프카스의 오래된 갈등과 전쟁, 테러의 상황으로 심각한 어려움을 겪어왔고, 지금도 그 문제를 어떻게든 해결하려 함께 애쓰는 사람들이 분명했다.

남편은 젊어서는 KGB 알파 부대의 장군이었다가 지금은 북오세치아 공화국 대통령 직속 인권위원회 위원장이고, 그의 부인은 젊어서부터 북오세치아의 국영방송에서 오랫동안 일해왔다. 그 사회의 중심에서 살아온 사람들인 셈인데, 이슬람교도와 기독교인이 결혼하여 오랫동안 함께 살아온 것이다.

그들은 평소에 동일한 문제의식을 지니며 살고 있었다. 북오세치아의 현재와 미래를 염려하는 그들의 대화는 내용을 자세히 파악하긴 어려웠지만, 그들이 서로 다른 종교를 지녔다는 사실보다 훨씬 더 심각한 문제인 것처럼 보였다.

그런 남편이 갑작스러운 사고로 세상을 떠나고, 얼마 지나지 않아 부인도 그 비슷하게 세상을 떠났다면, 그들은 어떤 문제의식을 품고 살다가 그렇게 된 것일까? 만일에 남편의 죽음이 어떤 세력에 의하여 의도된 것이었다면, 부인의 죽음도 그와 비슷한 죽음이었을 가능성이 커 보였다.

그런데 남편의 죽음이 그냥 교통사고로 인한 것이요. 부인의 죽음은 혼자 있을 때 갑자기 찾아온 저혈당 쇼크로 인한 것이었다면, 그 역시 충분히 가능성이 있는 이야기였다. 그러나 이런저런 사건들과 그럭저럭 흘러간 시간 덕분인지, 나의 관심은 다른 방향을 향하고 있었다.

그들의 죽음에 대한 진실을 밝히려 하기보다는 "코란의 서재와 비블리야의 서재가 한집에 있던 그들이 함께 바라보며 살았을 그 방향은 어떤 것인지?" 하는 물음이 더 궁금해지기 시작했다.

북카프카스에서, 북오세치아에서 그들이 함께 바라보던 어떤 방향이 있었던 것 같다. 이슬람의 남편과 정교회의 부인이 함께 바라보며 살아가던 북오세치아의 미래와 소망에는 어떤 내용들이 들어 있었을까? 그들의 마음 속에는, 그들을 하나로 만들어주던 생각의 흐름 같은 것이 있었을 것이다. 민족적인 동질감이나 종교적인 동료 의식이나 그들을 하나로 만들어주던 어떤 정신적인 내용이 분명히 있었던 것 같다. 나는 일단 그런 정신적인 내용에 대하여 '보편'이라는 이름을 붙이기로 했다. 여기서 말하려는 '보편'은 인간들 편에서 바라보는 '보편'을 의도하는 표현이지, 신학적 진리와 관련된 표현은 아니다.

그들의 그 '보편'을 어떻게 정의할 수 있을 것인지? 20여 년 동안 40회 가까이 그들을 찾아가 만나고 함께 지냈던 나였지만, 그들의 그 '보편'을 구

그의 고향 마을인 자망꾸의 뒷산에서…

체적으로 정의하기가 어려웠다.

'보편'은 학문적 용어일 수도 있고, 편의상 설정한 기호처럼 사용될 수도 있다. 맥락에 따라 여러 의미로 사용될 수 있다. 이제부터 나는 유리 시다코프라는 한 인간의 문제로부터 '보편'이라는 영역으로 나아가 보려고 한다.

유리의 '보편'

거기에 사는 사람들은 거의 모두가, "우리는 이런 방향으로 가야 미래에 희망이 있다. 그런데 우리의 현실은 그렇지 못하다."라고 말할 때, 여기서 그 '방향'을 일컬어 일단 '보편'이라 표현하려고 한다.

한집에 사는 유리와 따냐가 서로 다른 방에서 제각기 코란과 성경을 지녔으면서도 어느 한 방향을 바라보고 있었다면, 그들이 함께 바라보던 그것이 북오세치아의 '보편'이요 북카프카스의 '보편'이라고 일단 상정(想定)하기로 했다.

유리 시다코프

보다 더 큰 흐름 속에서 북카프카스의 '보편'을 생각하면, 북카프카스 지역의 사람들은 이미 오랫동안 갈등과 분쟁 속에 살아왔다. 오래전에 쓰인 러시아의 문학작품에서도 북카프카스는 갈등과 분쟁이 상존하는 거친 땅으로 묘사되곤 했다.

북카프카스는 많은 민족과 종교가 공존해 온 지역이다. 이슬람 제국인 오스만 튀르크의 북쪽 인접 지역이면서 정교회인 러시아 제국의 남쪽 경계 지역으로서, 다양한 민족적·종교적 갈등과 분쟁이 끊이지 않는 곳이었다.

그러나 유리가 바라보던 '보편'의 방향은 어느 한 종교가 가리키는 방향은 아니었다.

새뮤얼 헌팅턴의 《문명의 충돌》에는 '이슬람의 잉구스와 정교회의 오세치아'라는 단순화된 표현이 나타난다. 그 표현대로 북오세치아의 블라디카프카스에서 테러가 일어난다면, 그 테러는 이슬람인 잉구스가 정교회 기독교인 오세치아를 향한 테러라고 간단히 말할 수 있을 것이다. 그런데 '정교회의 오세치아'라는 표현은 지나치게 단순화된 것이다. 그런 표현으로는 그들의 복잡한 상황에 가까이 접근하기가 어렵다.

북오세치아의 종교 구성은 그렇게 단순하지 않다. 북오세치아 인권위원회만 하더라도 위원장은 이슬람교도인데, 회의를 열면 참석자의 절반 정도는 이슬람이요, 절반 정도는 정교회 기독교인들이었다. 내가 그 회의에 참여하면 개신교 기독교인이 한 명 더 추가되었던 셈이다. 그래서 그들은 종교적인 대화를 가능한 한 자제하는 편이었다. 이슬람에 대하여 우려하는 분위기를 보이면서도, 어떤 과격한 세력의 문제가 아니라면 북카프카스는 평화롭게 살 수 있을 것이라는 분위기였다. 그러므로 북카프카스 사람들이 바라보던 보편과 미래는 '단순한 종교적 구분과 표현'의 대상이 되기는 어렵다는 것이다. 종교적 단순화의 표현이 밖으로부터 그들을 이해하려는 입장에서는 유의미하겠지만, 고난의 당사자인 그들로서는 충분하지 않다는 의미이다.

2
성전과 황제들(Caesar)

이삭 성당의 깊은 곳

1998년 늦여름에 뻬쩨르부르크(상트페테르부르크)의 이삭 성당을 찾아갔다. 성당 외벽 주랑(柱廊)을 따라 늘어선 수십 개의 자줏빛 대리석 기둥들은 채석장에서 기둥 모양으로 깎아 그대로 옮겨왔다고 했다. 3~4층 건물 높이의 기둥이 20여 개 늘어선 주랑을 따라 많은 관광객이 줄 선 뒤로, 나도 줄을 서서 기다리다 성당 안으로 들어가게 되었다.

성당 내부는 고색창연한 성화 전시관 같은 분위기였다. 커다란 벽이 하나의 성화로 되어 있는데, 그 모든 성화가 모자이크라고 했다. 조금 더 가까이 다가갔더니 아주 작은 조각들이 촘촘히 박혀 있는 것을 확인할 수 있었다.

더욱 놀라웠던 것은, 모자이크를 이루는 수많은 작은 입자가 모두 다 본래의 색을 지닌 원석(原石)이라고 했다. 유화로도 얻어내기 어려울 듯한 다양한 색조들이 자연에서 채취해 낸 그대로의 대리석 조각들이었다. 그러니까 성당 내부의 아름답고 신비로운 분위기는 반쯤은 천국에 들어온 듯한 느낌이었다.

그런데 프로테스탄트의 후손답게 거기서 나는 자신에게 이런 질문을 하고 있었다.

'왜 이렇게 거룩하고 아름답게 만들어야만 했을까?'

'아름답고 거룩하게 보이는 것은 좋은데, 이렇게 만들기 위해서는 많은 시간과 엄청난 노동력이 필요했을 텐데, 누구를 위하여 무엇을 위해 이렇게까지 했을까?'

그런 생각을 하면서 주변을 돌아보는데, 아름답고 신비로운 그 환경은 많은 백성을 위한 예배 공간은 아닌 듯이 보였다. 많은 사람이 찾아와 예배를 드리기 위하여 이런 성전이 건축된 것은 아닐 것이라는 생각이 들 수밖에 없었다. 그렇다면 그들은 왜 이런 성당을 건축했을까? 무엇을 위한, 누구를 위한 성당 건축이었을까?

성전에 가득한 성화들을 가까이 들여다보며 성전 안으로 더 깊이 들어갔을 때, 조금은 의아한 이색적인 공간이 우리를 기다리고 있었다. 성전의 가장 깊숙하고 은밀한 곳, 거기에 몇 개의 대리석 관이 놓여 있었다. 오래된 어느 황제의 관이 있었고, 그렇게 오래되지 않은 어느 권력자의 관도 거기에 있었다. 성당의 가장 깊숙한 그곳에 최고 권력자들의 관이 놓여 있었던 것이다.

개신교적인 사고방식으로는 쉽게 받아들이기가 어려웠다. 조금은 혼란스럽고, 또 조금은 착잡한 마음으로 성당 내부를 돌아보고 밖으로 나와 성당 뒤편으로 가보았다. 성당 뒤편에는 넓은 잔디밭이 펼쳐져 있었는데, 그 한가운데에 어느 전쟁 용사의 대단한 동상이 세워져 있었다. 러시아 제국의 표트르 대제라고 했다. 그러니까 이삭 성당은 어느 황제를 기념하려 했던 종교 건축물이라고 이해해도 무리가 없을 듯했다. 백성과 예배를 위한 건축이라고 생각하기는 어려워 보였다.

물론 성당이 건축되던 시대의 사고방식으로 판단해야 한다는 점을 모르는 바 아니지만, 그 건축 자체가 권력자 위주의 황제교황주의(Caesaropapism)을 상징적으로 표현해 주는 듯했다. 그들의 성전은 러시아의 강력한 황제를 기념하기 위한 건축이었다. 대다수가 농노(農奴)였던 백성들은 국가의 명령에 동원되어 상당한 기간 동안 건축에 참여해야 했던 것이다.

모스크의 깊은 곳

그런 일은 이슬람 세계에서도 만나볼 수 있었다. 우즈베키스탄의 타슈켄트에서 그들이 자랑스러워하는 모스크를 찾아갔을 때, 거기서도 이삭 성당과 동일한 상황을 만나게 되었다. 모스크의 가장 깊은 곳에 몇 개의 대리석 관이 놓여 있었다. 티무르를 비롯한 우즈베키스탄의 영웅에 해당하는 왕들의 관 몇 개가 자리 잡고 있었다. 즉, 정교회의 이삭 성당이나 타슈켄트의 모스크에서나 '세속 권력이 종교를 지배하는 황제교황주의'가 비슷하게 나타난 셈이다.

우즈베키스탄의 사마르칸드에서는 참으로 이해하기 어려운 유적지를 방문하게 되었다. 많은 사람이 이슬람의 성지라 하여 찾는 곳인데, 건물마다 아름다운 테라코타 장식이 있었다. 이슬람의 성전은 아니고 교육기관 같지도 않았다. 그래서 "이 아름다운 건축물들은 어떤 용도로 지어진 것인가?"라고 묻기도 전에 그들이 알려주었다. 거기에 있는 수십 개의 아름다운 건축물들은 '어린 후궁들(high-teen concubines)'을 위한 공간들이라고 했다. 그 옛날에 왕들이 외교 관계를 맺으면, 어린 후궁을 선물로 보내는 방식으로 외교와 우애를 다졌다는 것이다.

그런 곳이 그 시대, 그 지역 사람들에게는 나름의 종교적 의미를 지니는 성지(聖地)처럼 여겨져 왔다고 하니, 그들은 아마도 '세상의 황제(Worldly Caesar)'와 '하늘의 하나님(Heavenly God)'을 구태여 구분하지 않으려는 종교의 시대를 살았을 듯했다.

그럭저럭 나는 그들이 지나온 그 시대의 '정신적 천정 구조'를 의식해 보려고 했다. 옳든 그르든 상관없이 권력의 상부구조는 '하늘의 재가를 받은 초월적 영역'이었으며, 성직은 '초월적 수직구조의 신비를 종교적 휘장으로 가리며 살아가는 거룩한 직종'이었을 것이다.

그러니까 그런 흐름 속에 살아온 그들에게서는, 저 높은 곳에서 살아오던 자가 언제까지나 거기에 있으려 한다 해도 별 거부감이 없었던 것이 아닐까? 높은 곳에 계속 남아 있으려는 이를 강제로 내려오게 하려다가 국가적 파국을 겪게 되는 그런 일은 우리 백성이 관여할 바가 아니라고 생각하며, 그냥 참고 살아가자는 방식으로 ….

그러다가 누군가가 유별난 생각을 하다가 원인 모를 교통사고를 당하여 죽으면, 사람들은 누군가 의도적으로 그렇게 한 것이 밝히 드러나지 않는 한, 그것은 신의 뜻일 거라고 생각할 것이다. 무덤에 잠자던 그가 깨어나 직접 말하지 않는 한, 이제까지 그렇게 흘러온 역사가 계속 그렇게 흘러가

도록 놔두자는 방식으로 살아온 것은 아닌가?

그러니까 전통적으로 위에 있던 이들의 혈통 이야기, 사실인지 아닌지 확인하기 어려운 그들의 전쟁 무용담, 그래서 대를 이어 왕이 될 수밖에 없었을 것이라는 식의 이야기, 전통적인 상부구조의 신화와 종교가 섞여 들어가는 이야기들이 국가적 가르침의 본류(本流)로서의 '보편'으로 여겨져 왔을 것이다. 그런데 어느 시점에 와서 진정 그들이 깨달아야 하는 '낮은 보편'에 대한 관심이 여기저기서 반짝거리기 시작한 것은 아닌가?

가야바나 헤롯의 상부구조가 오랜 역사의 '보편과 주류'로서 인식되던 거기에, 대체자로서의 '낮은 보편'이 등장하게 되는 셈이다.

그러한 상부구조가 짓누르는 땅에서 오랜 역사를 살아온 그들에게서 생겨난 '낮은 보편'을 생각한다면, "블라디카프카스 어느 아파트의 한쪽 방에는 코란이, 다른 방에는 비블리야가 있었는데, 그들이 '경전의 서로 다름' 이전에 어느 한 방향을 바라보고 있었다."라는 그 점을 이해할 만하다.

그들은 계시종교의 러시아 정교회였다. 그런데 계시종교를 가지고서, 그들은 수직적인 황제교황주의의 세계를 운명과 섭리의 영구 건축물처럼 만들어가고 있었다. 서구(西歐)에서는 종교개혁과 프랑스혁명과 산업혁명이 일어났다는 사실을 잘 알면서도, 오래된 정치·종교적 전통 때문인지 러시아에서는 무언가를 새롭게 일으키기란 어려워 보였다.

북카프카스의 광야를 달리던 자동차들이 부수어 내팽개친, 낮은 보편의 파편들이 이런 글을 통하여 온 세상의 많은 사람을 찾아가게 될 듯하다. 애써 잊으려 하지만, 새삼스럽게 여기저기서 반짝거리는 보편의 조각들이 나를 일깨워 다시 기억하게 만드는 것이 아닌가?

V

계시종교의 러시아와
자연종교의 중국

계시종교와 자연종교

그리스도교는 계시종교인데 유교나 불교는 자연종교에 속한다. 자연종교에서는 출발점이 인간이다. 인간의 종교심으로부터의 종교가 자연종교이다. 계시종교는 출발점이 하나님이다. 하나님의 계시로부터의 종교가 계시종교이다. 극히 단순화된 표현으로, 계시종교는 하나님께로부터의 종교요, 자연종교는 인간으로부터의 종교가 되는 셈이다.

자연종교에서는 두 가지를 말할 수 있다. 18세기 계몽주의 이신론(理神論)에서 말하는 '인간의 이성적 완전성'을 진리의 경전으로 삼는 종교가 근대 서구의 자연종교이다. 그와는 달리, 오래전부터 생겨난 자연 발생의 원시종교를 통틀어 자연종교라 부른다. 주물 숭배나 자연 숭배의 종교가 이에 해당한다. 이 책에서 논하려는 '중국의 자연종교'는 후자에 속하는 셈이다.

1
계시종교의 러시아

서구주의와 유라시아주의

전통적으로 러시아는 유럽에 대하여 열등의식 비슷한 감정을 지니고 있었다. 러시아가 유럽에 속하려 한다면, 유럽을 앞서가는 나라가 되기는 어렵다는 사실을 잘 알고 있었다. 그래서 아시아에 속하려 한다면, 아시아를 앞서가는 데에는 별 어려움이 없을 것으로 판단했던 것이다.

러시아의 근대사를 유럽 쪽으로 이끌어가려 했던 표트르 대제 같은 인물이 있었고, 그와 달리 슬라브 민족의 정체성을 강조하며 아시아 쪽으로 향하려는 입장도 있었다. 고르바초프가 서구주의자라면, 옐친은 슬라브주의자인 셈인데, 현재 푸틴의 러시아는 슬라브주의를 넘어, 러시아의 독자적 정체성을 강조하는 유라시아주의인 것으로 알려져 있다.

유라시아주의는 제국주의적 성격을 지니는데, 푸틴과 같은 권력자를 위해서는 실용적 정장(正裝)이 되었을 것이다. 알렉산더 두긴 같은 정치철학자는 그 정장의 제단사 역할을 했을 것으로 판단된다. 몇 해 전(2022. 8. 20.), 두긴의 딸이 갑작스러운 교통사고로 세상을 떠난 것은 유라시아주의의 정장과 제단 사이 관계에 어떤 문제가 생겼다는 추측을 가능하게 만드는 일이었다.

바깥 흐름을 어느 만큼 알면서 인권이나 민주화에 관심을 지닌 러시아의 지식인들은 앞서간 서구의 흐름에 관심을 가질 수밖에 없는 서구주의자가 되었다. 유리 시다코프도 상당 부분 서구주의의 사고와 면모를 지니고 있었는데, 그런 흐름 속에서 그는 나를 가까이 받아들였을 것으로 판단되기도 했다.

유럽을 바라보는가, 아니면 아시아를 바라보는가 하는 것은 그들 안에서 오래된 분열 가능성의 문제였는데, 그렇다고 해도 그것이 그렇게 심각한 문제는 아니었다. 그런데 제국주의 형태의 유라시아주의로 가게 되면, 중심의 권력 체계가 주변을 향해 충성을 요구하게 되면서 중심을 노엽게 하는 다양한 입장들은 위험에 처하게 되었을 것으로 판단된다.

동방교회와 서방교회

기독교의 초대교회는 '유대적 환경인 팔레스타인'으로부터 '헬라어가 공용어인 보편 세계'를 향해 전파되어 갔다. 초대교회의 선교를 통하여 지중해 연안(沿岸) 전역으로 복음이 전파되어 가던 중에 예루살렘, 안디옥, 알렉산드리아, 그리고 콘스탄티노플은 헬라어 사용권으로서 동방 교회라고 불리게 된다. 그리고 로마와 '카르타고를 포함한 아프리카 서북부'는 라틴어 사용권으로서 서방 교회라고 불리게 된다.

언어가 다르다는 이유로만 동·서방 교회를 나누게 된 것은 아니다. 서방 교회가 점차 수직적인 성직 체제를 갖추어가면서 그 정점(頂點)에는 '지상의 그리스도의 대리자(vicar of Christ)' 교황이 자리 잡게 된다. 그리고 콘스탄틴이 제국의 수도 로마를 비잔틴(동방)으로 옮겨 콘스탄티노플이라 불렀을 때, 콘스탄티노플에 수도를 정한 동로마의 기독교는 – 처음부터 그렇게 불린 것은 아니지만 – 동방 정교회(Eastern Orthodox Church)라고 불리었다. 그리고 그 교회의 정점에는 제국의 황제가 자리 잡게 된다. 황제가 성직을 수행한 것은 아니라 해도 최고위 성직 임명을 포함한 중요 사안의 최종 결정권자는 세속권력자인 황제가 되는 것이다.

그러한 동방 정교회로부터, A.D.10세기경에 기독교를 전해 받은 교회가 러시아 정교회(Russian Orthodox Church)이다. 러시아 정교회의 중요한 특징이 바로 그 '황제교황주의'인 셈이다.

황제교황주의

동로마 제국의 동방 정교회나 러시아 정교회는 교회 정치에 있어 황제교황주의라는 특징을 지니고 있었다. 서방 교회에서는 교회 정치와 권력의 정점에 교황이 자리 잡고 있었는데(papacy), 콘스탄티노플이나 모스크바에서는 교회를 이끌어가는 감독(papa) 위에 '국가의 통치자'(caesar)가 자리 잡게 된다. '교회가 국가 권력의 통치를 받는 구조', 황제교황주의(Caesaropapism)가 되는 셈이다.

신앙과 양심이 살아 있는 교회요 성직이라면, 세속 권력자를 위한 조언자, 곧 이사야나 예레미야 같은 선지자가 될 수도 있을 것이다. 그런데 황제교황주의 체제하에 있는 교회들은 국가 권력을 위한 조력자 비슷한 위치에서 오랜 역사를 살아오고 있었다. 러시아 정교회의 그러한 내적 관계 구조는 러시아 제국 시절에 이어 소비에트 시절에도, 그리고 소련이 무너진 이후에도 계속 이어져 오고 있었다. 어느 시대에나 세속 권력을 보좌하는 종교의 역할은 필요했기 때문일 것이다.

레닌의 무덤이 지배하는 나라?

러시아를 상징하는 모스크바의 붉은 광장에는 몇 개의 상징적 건축물들이 관광객을 맞이한다. 거의 모든 관광객이 거기서 사진을 찍는 러시아 정교회의 바실리 성당이 모스크바강 쪽으로 우뚝 서 있다. 이 세상 어느 교회에 비할 수 없을 만큼 거룩하고 아름다우며 고풍스러운 모습이다. 그리고 크레믈린 궁을 바라보는 광장 저편에 자본주의의 꽃인 굼(Gum) 백화점이 위풍당당하게 서 있다. 이 세상 어느 백화점도 그만큼 여유 있게 아름답게 보이기는 어려울 듯한 건물이다. 바실리 성당을 오른편에 두고 굼 백화점을 정면으로 바라보면서 크레믈린 궁을 가까이 등진 곳에 나지막한 대리석의 슬라브 건물 형태로 레닌의 무덤이 자리 잡고 있다.

오래된 정교회가 있고 화려하고 예술적인 백화점도 있지만, 그 모두가 레닌의 무덤 앞에서는 목소리를 낮추어야 할 듯한 분위기가 붉은 광장을 지배하고 있다. 러시아의 하늘과 땅을 장악해 온 백야(白夜)의 그림자처럼 보이기도 했다.

죽은 레닌과 비슷한 후계자들이 최근까지도 권력의 보좌에 앉아 있다가 물러서서 누워 있곤 했다. 시기마다 명칭은 달랐겠지만, 그러한 권력

필자 뒤편이 레닌(Ленин)의 무덤이고, 그 뒤편이 크레믈린 궁전이다.

(caesar)의 위세가 바실리 성당 위에 그리고 자본주의 백화점 위에 군림해 온 것이 러시아와 붉은 광장의 운명처럼 굳어져 온 게 아닌가 느껴졌다.

"레닌의 이데올로기가 아니더라도, 레닌이 아닌 스탈린일지라도, 스탈린이 아닌 푸틴일지라도 무겁고 차가운 백야의 카리스마로 붉은 광장의 제국을 다스려야 한다."라는 무거운 바리톤의 음악이 레닌의 무덤으로부터 들려오는 듯했다.

낮은 곳으로부터의 '보편'

러시아의 양심적인 종교인이나 지식인이라면 이런 느낌을 가지지 않을까 생각했다. 제정 러시아 시절에, 사회주의 혁명 이후 소비에트 시절에, 소련의 붕괴 이후 그리고 현재의 권위주의 체제 시기에도, 지배 계층이 아닌 모든 러시아인은 그들의 의지와는 별 상관없이 흘러가는 러시아의 거대한 흐름을 양각(陽刻)으로 인식하는 '음각(陰刻, hollow relief)으로서의 수동적 일체감' 같은 것을 느끼고 있었을 듯했다.

러시아의 통치 영역에 해당하는 짜르, 짜르의 조력자인 성직(聖職), 소비에트 시절의 공산당, KGB, 마피아 등이 지배 영역이 되었다면, 피지배 영역에 형성된 고통과 인내와 절망의 일체감 같은 것이 진정한 의미에서 러시아의 '(낮은) 보편'이 될 듯했다.

베들레헴 마구간과 골고다 십자가가 성경적 복음의 상수(常數, a constant)라면, 복음의 상수 근처에서 살아가던 백성들의 고난과 기다림이 성경적인 '낮은 보편'의 내용이라 부를 만하다. 성서적 구원이 펼쳐질 무대와 배역들이 주로 거기에 설정되어 있었다는 의미에서의 '보편'을 말한 셈이다. 그런 의미에서, '러시아적 보편'의 분위기는 '백학'을 부르는 러시아의 바리톤에 잘 반영된 것이 아닌가 생각된다.

제국의 황제가 다스렸든지, 공산당의 독재자가 다스렸든지, 소련 붕괴 이후 KGB와 마피아가 장악해 왔든지 간에, 꽤 오래전부터 러시아에는 차가운 땅 깊은 곳으로부터 비소츠키(Vysotsky)의 음성이 들려왔을 것이라 느껴지기도 한다.

유라시안주의를 외치는 권력의 보편적 양각이 상부구조의 역할을 하는 동안에, 고난의 깊이를 느끼게 하는 러시아의 바리톤은 '그 보편의 음각'에 해당하는 영역에서의 '낮은 보편의 음성'이 되어온 것이라고 판단된다. 도스토옙스키의 《카라마조프의 형제》나 톨스토이의 《부활》은 그러한 러시아의

'보편'을 깊이 있게 표현한 문학으로서 러시아만의 독보적 영역을 확보해 온 셈이다.

그러니까 정교회와 이슬람이 서로 다른 종교라는 점이 그들에게서 가장 중요한 갈등과 분열의 요인이 되었다고 보기는 어렵다. 정교회와 이슬람이 서로 다르다는 것이 갈등과 파국을 일으키는 문명의 단층선(fault-line) 역할을 행사할 가능성이 큰 것은 분명하다. 그런데 그것이 일차적 원인 제공자가 되기보다는, 깊은 곳에서 균열을 일으키기 시작한 일차적인 다른 원인에 의하여 움직이게 되는 이차적 원인이라고 보는 것이 옳다.

근원적 원인은 아니었지만, 근원의 의도가 그 단층선을 건드려 움직이도록 만들기만 하면, 이제는 그 단층선의 균열이 모든 갈등과 분열의 주역처럼 연기하게 된다는 의미이다.

근원적인 원인 제공자

굳어져 가는 권위주의 체제는 종교적 순수성이나 양심이나 지성에는 별 관심이 없다. 그들의 체제가 더 굳건해져서 언제까지나 그 체제를 유지하며 군림하기를 바랄 뿐이다. 권력 중심이 아닌 사람들도 변화 거부 내지는 현실 유지의 이데올로기를 운명처럼 받아들이게 되면, "비블리야(성경)냐 코란이냐" 하는 문제도 실제 의미 영역이 아닌 형식 논리의 영역으로 물러서게 되는 셈이다.

그런 흐름 속에서, 오랜 세월에 걸쳐 굳건해진 체제가 역사와 전통으로부터 다양한 수사(rhetoric)를 동원하며 자신을 합리화하는 선전ㆍ선동과 대내외적 정보 활동에 힘을 기울이며 살아온 것이 최근까지의 러시아가 아닐까 판단된다.

　생명과 양심과 진실에 갈증을 느낄 수밖에 없는 인간인 백성들은,
　바실리 성당에서는 성화를 바라보면서,
　레닌의 무덤에서는 세계사적인 혁명에 알 수 없는 묵념을 하면서,
　그리고 굼 백화점의 자본주의 흐름에는 그저
　글로벌하게 쫓아가면서 살아갈 뿐이다.

　러시아의 진정한 보편은, 온갖 수사를 동원하여 자신을 정당화하며 살아가는 그들의 상부구조보다는, 쫓기며 눌리며 살아온 낮은 곳으로부터 파악하는 것이 옳다는 이야기다.

　그러니까 베슬란제일초등학교의 테러가 정교회와 이슬람 사이 문명의 단층선으로부터 터져 나온 충돌인 것은 맞는 이야기인데, 정교회와 이슬람이 서로 다르다는 그것이 충돌과 폭발의 근원적인 원인이라고 말할 수는 없다. 보다 근원적인 어떤 원인이 제공되어 일단 테러와 충돌이 일어나게 되면, 정교회와 이슬람의 충돌은 상황을 확장할 2차 원인 제공자가 되면서 동시에 여러 갈등 요인을 하나로 통합하여 충돌로부터 전쟁으로 나아가게 하는 진군 나팔이 되고 마는 셈이다.

　종교는 인간의 모든 것을 넘어서는 초월적인 영역이다. 종교는 이성과 윤리와 신비와 감성의 모든 영역을 포함하면서도 넘어서는 영역이다. 그러니까 종교 영역이 어두운 권력자를 위한 빅데이터의 백업(back-up)을 위한 공연을 기획한다면, 여러 분야와 다양한 장르를 종합 초월하는 오케스트라의 능력을 발휘하게 되는 것이다.

그러한 공연을 기획·실행해 가는 동안에 어두운 종교인들은 상부구조의 영역을 위한 위로자요 조력자로서 잠재력을 지니게 된다. 자신이 잘 깨닫지 못하는 동안에 그렇게 대단한 사역을 하게 된다는 것이, 종교인으로서는 참으로 고통스럽고 슬픈 일이기도 하다.

세속 권력(caesar)이 지나치게 강해진 황제교황주의 세계에서는 종교적 사고와 활동의 모든 영역이 세속 권력의 조력자요 시녀로서 살아갈 잠재력을 항상 지니게 된다. 바로 그런 영역에 러시아 정교회가 자리 잡고 있는 것이라면, 그들은 '진정한 보편의 음성이 저 아래로부터 들려오게 만드는' 상부구조의 양각으로서, 진리의 대척점(對蹠點)으로서 '어두운 보편'을 형성할 수밖에 없을 것이다.

인권위원회의 회원 중에는 정교회 신자가 있었고 이슬람교도도 있었다. 오세치아 민족도 있었고 러시아 슬라브 민족도 있었고, 잉구스 공화국으로부터 친구들(길라니와 가즈마가메트)이 찾아오기도 했었고, 나와 같은 한국인도 그들과 함께 있었다. 인종이나 종교가 다르다는 문제가 갈등과 분열과 충돌의 근본적인 요인은 아니었다는 이야기다.

예수님의 십자가와 원인 제공자들

예수 그리스도의 십자가 죽음에서 근본적인 원인 제공자는 그 시대의 종교 권력자인 대제사장들이었다. 예수께서 예루살렘 성전에 들어가셔서 희생 제물을 파는 자들과 환전상(換錢商)들을 성전에서 내쫓으셨다는 거기서부터, 대제사장들은 나사렛 예수의 죽음을 구체화하기 시작한 것으로 알려져 있다.

그들에게는 어렵고 어두운 시대인 만큼 문제가 좀 있다 하더라도 기존의 성전 질서와 체제를 유지해야 한다는 '상식적인 것처럼 보이는 사명감'이 있었을 것이다. 나사렛 예수의 언행에는 분명히 기존의 질서를 거부하는 듯한 반(反)율법적 요소들이 들어 있었다. 인간인 것이 분명한데도, 자신을 하나님인 것처럼 주장하며 신성모독의 범죄를 저지른 것처럼 보이기도 했다.

그런저런 점들을 종합판단하면서, 시대의 흐름에 민감하게 대처하는 정치·종교적 맥락에서 대제사장 가야바가 "그 한 사람을 처형해서 더 이상의 시대적 파국을 막아야 한다."라는 주장을 내세웠던 것이다(요 10:57).

종교 지도자들이 종교적 수사를 동원하며 종교적인 백성을 일으켜 외치게 하는 것은 그렇게 어려운 일이 아니다. 정치적으로 가능한 방법을 활용하여 로마 군인을 동원하는 것도 별문제가 아니었다. 그러니까 종교 권력자인 대제사장 편에서 묵시적 큐사인을 보내고, 율법과 지식에 조예 깊은 조력자들이 구체적 실행을 기획해 가면서, 선동되기를 기다리는 백성들에게까지 그 신호가 전해지면, 이제 그들은 합력하여 나사렛 예수를 십자가 편으로 몰아붙이게 된다. "염려가 전혀 안 되는 것은 아니지만, 우리는 어쩔 수 없었다."라는 정도로 제각기 양심을 위로하며, 그들은 합세하여 골고다 동산에 피 흘리는 십자가를 세우게 된 것이다.

러시아의 '낮은 보편'은 성서적 보편에 가깝다고 판단되었다. 베들레헴 마구간과 골고다 가까운 곳에, 구원사의 무대와 배역들이 그 근처 가까이에 설정된 것으로 보였다.

그와 반대로, 합력하여 골고다에 십자가를 세운 가이사 편의 보편적 분위기가 러시아 상부구조의 보편적 분위기를 형성해 왔다고 판단된다. 상부구조의 '권력 지향'과 '변화 거부'의 요소가 굳건한 토대가 되고, '종교적 · 율법적 · 문자적 서로 다름'이 합법적인 동력(動力)이 되면서, 상부의 '보편'은 자신의 정당성을 당당히 주장하며 유지해 온 셈이다.

정교회와 이슬람이 서로 다르다는 점이 당연히 중요한 문제이겠지만, 갈등과 충돌의 가능성, 그리고 해결의 가능성은, 어느 편에서나 그들의 상부구조 안에 있는 셈이다. 물론 위에서나 아래에서나 마찬가지로, 인간과 세상은 자신에게 주어진 고난과 절망과 죽음을 스스로 해결할 수 없다는 것이 변함없는 성경의 가르침이기도 하다.

계시종교의 러시아 - 왜곡된 계시종교

계시종교 러시아의 보편은 황제교황주의의 정치 · 종교적 통치 영역인 '상부구조의 양각'으로 인하여, 오랜 세월에 걸쳐 유라시아 대륙에 드리워진 '음각으로서 고난당하는 백성'으로 여겨진다.

계시종교라는 용어를 쓰는 것은, "하나님께서 예수 그리스도를 통하여 인간의 역사 속에 자신을 드러내셨다(계시하셨다)."라는 것이 성경의 핵심적인 가르침이기 때문이다. 그러므로 인간은 "인간의 구원을 위해 이 땅에 오사 십자가에 죽으시면서, 자신을 계시하신 하나님(성자 하나님)"에 대하여 응답할 책임이 있다. 하나님의 계시에 올바로 응답할 인간의 책임은, 인간이 살아 있는 동안에 인생과 역사 속에서 이루어져야 한다. '예수의 십자가를 통하여 자신을 계시하신 하나님'의 백성으로서, 성령의 인도하심을 따라 '하나님의 계시'에 올바로 응답하며 살아가는 것이 믿음의 길인 것이다.

그 계시 되신 예수 그리스도께서는,

하나님의 보좌로부터 가장 낮은 곳으로 내려오셨고(빌 2:6-11),
베들레헴 마구간의 낮고 천한 곳으로 찾아오셨고,
스스로 고난의 십자가를 향하셨다.

그것이 성경적 계시의 큰 흐름인 것이 분명하다. 그런데 황제교황주의의 위험은 ─ 언제나 그렇지는 않겠지만 ─ 그러한 성경적 계시의 반대편으로 향할 가능성이 크다는 점이다.

원시인들에게는 토테미즘이라는 형태의 종교가 있었다고 한다. 거주지 근처에서 익숙해진 짐승과 관련된 종교심이 생겨나고, 그와 더불어 건국 신화 같은 것이 생겨나 후대에 전해지는 동안, 민족 중심의 신화와 종교가 탄생하게 된다. 그런 종교적 타성이 발동한 것인지, 러시아는 기독교를 받아들인 후에 예수 그리스도를 '슬라브 민족의 민족 신(national god)'처럼 만들어 왔다고 주장하는 경우가 있다.

러시아, 특히 슬라브 민족의 많은 백성은 예수 그리스도가 러시아의 신인 것으로 알고 있다고 한다. 그래서인지 러시아 정교회에서 자주 접할 수 있는 성화에 나온 예수님의 얼굴은 '러시아 할아버지'와 비슷하게 보인다.

기독교의 신 예수 그리스도는 러시아 슬라브 민족의 신이기 때문에, 러시아가 강력한 제국주의를 추구하게 되면, 그것이 곧 성경과 기독교가 추구하는 하나님의 뜻이 되는 셈이다.

합리적인 신학과는 다소 먼 곳에서, 그림(성화)과 촛불 위주로 살아온 그들의 종교 생활은 역사적 위기를 헤쳐나갈 만한 지혜와 안목을 제시할 종교가 되기는 어려운 것이 분명하다. 전반적으로 '왜곡된 계시종교'가 러시아의 어둡고 무겁고 차가운 역사의 결과요, 미래를 바라보기조차 힘겹게 만드는 백야(白夜)의 족쇄처럼 여겨질 때가 있었다.

상부구조의 권력자들도 그 문제의 심각성을 잘 알고 있다. 그런데 오랜 세월에 걸쳐 차갑게 굳어져서인지 사람의 능력으로는 어떤 변화를 기대하기가 어려워진 듯하다. 그래서 이 (러시아—우크라이나) 전쟁이 새로운 무언가를 가져올 것을 기대하게 된다.

오랫동안 왜곡되었던 신앙과 교회가 올바른 길을 바라보는 동안에, 그들에게서 새로운 아침이 밝아오기를 기도하는 마음으로 이 장(章)을 마치려 한다.

2
자연종교의 중국

"성경과 5대 제국"

러시아 관련 글을 써놓고 몇 개월이 흘렀다. 이제까지의 글에 이어 세계사의 현안으로 중국에 대한 글을 쓰며 끝맺으려 했는데, 중국에 대해서는 글의 가닥이 잘 안 잡혀 기다려야 했다. 그러던 중에 국회의원 선거가 있었다. 선거 결과는 내가 생각했던 것과는 많이 달랐다. 그럭저럭 선거 이후 주변국들과의 관계 맥락에서 중국에 대한 글을 쓰며, 이 책의 마지막 장(章)을 마무리하려고 한다.

여러 해 전에 길거리에서 버스 측면에 커다랗게 새겨놓은 광고를 본 적이 있었다. 《성경과 5대제국》(조병호 저)이라는 책을 홍보하는 광고였다. 그때까지만 해도 나는 그런 방향에는 별 관심이 없었다. 많은 사람이 관심 가질 만한 책을 쓴다거나, 책을 써서 유명해지는 일은 나의 것이 아니라고 생각하며 살아온 듯하다.

그런 생각은 내가 살아온 방식과도 관련이 있었다. 나는 자신을 널리 알리려는 생각 없이 살아온 셈이다. 이 글이 책으로 나와 혹시 유명해지면 골치 아픈 상황이 만들어지는 것은 아닐까, 조금은 염려하며 글을 쓰고 있는 것이 사실이다.

버스 광고를 보고 나서 그 책의 저자와 대화를 나눌 기회가 있었다. 일본 후쿠시마에 다녀오는 목회자들의 여행에서 밤중에 그와 한참 대화를 나누는 기회가 주어졌다. 이런저런 대화를 나누던 중에, 그는 나에게 러시아와 중국에 관련된 글을 쓸 것을 제안했다. 그때 그의 제안이 현재의 이 글로 이어진 셈이다.

그렇다면 나도 글을 써야겠다는 마음의 준비를 하는 동안에 일단《성경과 5대제국》이라는 책을 읽기로 마음먹었다. "역사 전문가나 성서 전문가라 할지라도 그런 제목으로 책을 쓰는 것이 쉬운 일이 아닐 텐데, 어떻게 그런 제목으로 책을 썼을까?"라는 질문을 마음에 두고 책을 읽기 시작했다.

미국과 중국의 디커플링(decoupling)과 이후의 미래가 염려되는 중국, 러시아와 우크라이나의 쉽게 끝나지 않는 전쟁, 복잡한 국제관계 속에서 어떻게든 다시 일어서려는 일본, 여러 강대국의 치킨 게임 비슷한 상황에서 성경에 나온 제국들의 이야기는 중요한 텍스트의 역할을 할 것으로 보였다.

'제국들의 흥망성쇠 과정에서 하나님의 백성은 어떻게 쓰임 받았는가?'
'그래서 우리는 이제 어떻게 해야 하는가?'

아주 중요한 이야기가 될 것으로 생각했다. 그렇지만 여러 분야에 깊숙한 학문적 안목과 신앙과 사명감에 근거하지 않은 것이라면, 그저 많이 읽

히기를 바라는 것 이상을 넘어서기는 어려울 것으로 생각하기도 했다.

두세 시간씩 두세 번에 걸쳐 이틀 동안인가 책을 다 읽었다. 그렇게 책을 읽고 나서, 감탄스럽다는 생각과 나 자신을 질타하는 마음이 교차하는 가운데 며칠을 지냈던 기억이 난다. 성경적인 흐름을 벗어나지 않으면서도, 성경 외적인 역사서로부터의 고증에도 신경을 많이 쓴 흔적이 보였다. 고대와 현대 사이를 별 무리 없이 오가며 서술한 점도 눈에 띄었다. 어려운 주제를 피하려 하지 않았다는 점이라든가, 지나치게 학술적인 영역으로 빠져들지 않으며 대중적 눈높이를 맞추어간 흐름이 돋보이기도 했다.

우리 대한민국에는 《성경과 5대제국》이라는 주제가 과거로부터 현재까지, 그리고 앞으로도 오랫동안 국가적 차원의 주제가 될 것이라 생각했다. 중요한 선거 결과가 우리 주변 강대국들(제국들)과의 관계에서 복잡하고도 어려운 상황을 만들어가게 될 것이라는 생각 때문에 더욱 그러했다.

미국은 돌발적인 방식으로 우리를 어렵게 만들지는 않을 듯하다. 러시아는 조금 멀리 있는 듯하나 실제로는 우리와 아주 가까이 얽혀 있다. 일본과 우리의 관계는 앞으로도 한동안 어렵고 복잡하게 돌아가게 될 것이다. 중국은 그들 안에 많은 불안 요소를 지녔으면서도 겉으로는 크고 강하게 보이고 싶어 한다. 내부가 불안한 만큼 중국의 자기중심적인 장벽은 더욱 굳건해지는 듯이 보인다. 그런저런 맥락에서 이 책의 본론 마지막에 해당하는 다음 장(章)은 '자연종교의 중국'이라는 제목으로 서술하려고 한다.

자연종교의 중국 – 공자학당과 마르크스와 중화사상

근래에 많은 나라에 '공자학당'이라는 교육기관이 세워졌다. 유교 문화를 전한다는 명목하에 중국이 공자 아카데미를 설립한 것인데, 미국 측에서 "공자학당은 중국의 해외 업무 기관이며 첩보기관으로 운영되어 왔다."라는 문제를 제기했다. 그 주장이 상당 부분 사실로 확인되면서 많은 나라에서 공자학당이 문을 닫게 되었다.

중국의 사상에 대해서는 유불선(儒佛仙:유교·불교·도교) 삼교(三敎)에 대한 논의가 필요하겠지만, 공자학당이 세계적으로 불신을 받고 있다는 점을 염두에 두면서 중국에 대한 (필자의) '다분히 주관적인 입장'을 제시하려고 한다.

모택동과 시진핑의 중국을 생각할 때, 그들의 마르크스주의를 먼저 언급하는 것이 현실적인 접근일 듯하다. "중국 문화의 재건 과정에서 계속 마르크스주의를 기초로 해야 할 것인가?"라는 질문에 대하여 중국의 자유주의 사상가 쉬지린(許紀霖)은 이렇게 대답했다.

"마르크스주의 자체는 자유주의처럼 일종의 외래 문화입니다. 그러나 중국의 21세기 혁명 실천 가운데 내재화되어, 중국 현대 사상 전통과 정치 유산의 한 부분이 되었습니다."

중국으로서는 마르크스주의가 밖으로부터 들어온 외래 사상인 것이 틀림없는데, 이제는 돌이킬 수 없을 만큼 깊은 뿌리를 내린 것이라고 그는 주장한 셈이다.

그러면서 그는 이런 점을 지적했다.

"… 마르크스주의 연구 공정(工程)에 의지해 밥을 먹고 있는 사람이 많지만, 대다수는 먹고살기 위해서인 경우가 많기에 마르크스주의는 교조화되었고 세속화되었습니다."

마르크스주의가 중국의 문화와 사상에 뿌리를 깊이 내린 것은 분명하지만, 창의적 사상으로서 새로운 역사를 열어가는 차원과는 거리가 멀다는 주장을 한 것으로 이해된다.

공자학당이나 마르크스주의가 그렇다면 이제 그들의 중화사상을 거론할 필요가 있다. 중화(中華)의 중(中)은 가운데를 의미하고 화(華)는 꽃이 피어난다는 의미이다. "한가운데는 문명의 꽃이 환하게 피어나고, 그 주변으로 갈수록 야만족이 산다."라는 중국의 자기중심적인 주장이 중화사상이다. 이 사상은 오래전부터 익숙하게 접해 온 자연물(自然物)로 중심부터 채워가는 자연종교의 원시적 패러다임을 벗어나지 못하는 것으로 보인다. 원시 시대의 조상들이 친근했거나 두려워했던 자연물 관련 토테미즘의 응용 변형에서 멀리 벗어나지 못한 사상일 것이라 판단된다. 거기서 조금 더 멀리 밀고 나가며 체계를 갖추어간 것이 고대 제국들의 제국주의적 종교 사상이 될 듯하다.

그러므로 그러한 중화사상이 중국의 '제국주의적 세계화(일대일로, 一帶一路)'를 합리화하려고 든다면, 그들은 토테미즘의 조상들과 '시공을 초월한 민족주의적이며 애국적인 대화'를 추구하는 것이라 이해된다.

현대 학문과 사상 분야에서 중국은 낙후되어 있는 셈인데, 중국의 학자들도 문을 열어 서구(西歐)로부터 배워야 한다는 것을 잘 알고 있다고 한다. 그런데 시진핑의 장기 집권 의도 때문인지, 꽤 오래전부터 중국은 외래의 종교, 사상, 문화에 대하여 문을 닫아온 것으로 알려져 있다.

외래의 사상뿐만 아니라 중국 자체의 사상에 대한 논의도 최근까지 금기시되어 온 것으로 알려져 있다. 그래서 중국의 자유주의 사상가인 쉬지린(許紀霖) 같은 학자의 연구 방식은 '지식인의 심태사(心太史)'라는 간접적인 영역에 머무를 수밖에 없었던 셈이다.

대약진운동, 문화대혁명, 홍위병 운동 등에서 수없이 많은 생명이 희생되었어도, 공산당의 공식 발표 외에는 어떤 발표도 금지되어 왔다. 문화나 사상에 관한 연구나 발표 역시 간접적인 방식을 넘어서기 어려웠다. 최근의 코로나19 사태나 청년 실업의 통계에서도 필요에 따라 공식 발표는 유보되거나 금지되기도 했다. 여론과 언론은 여전히 통제와 관리 대상이 되어온 것이다.

근래에는 새로운 법을 만들어 중국을 찾아간 외국인들에게 필요에 따라 간첩의 굴레를 씌우는 일들이 나타나기도 했다. 그렇기에 이 글도, 멀리서 안타까운 시선으로 바라보는 원거리 서술의 한계를 지닐 수밖에 없다.

유불선의 연합

1949년 모택동이 중국을 장악하여 선교사 추방령을 내리기 이전 시대에 중국에서 활동했던 한 미국인 선교사가 이런 기록을 남겼다. 수시로 갈등과 경쟁 관계에 놓이는 유교 · 불교 · 도교의 삼교(三敎)가 한자리에 모여 기독교를 배척하는 전통 예식이 있었는데, 그것이 조상 제사였다고 한다. 조상 제사가 종족(種族) 종교의 핵심을 차지하면서, 기독교 선교를 막아서는 연합 행사가 되었던 셈이다.

유불선의 연합 행사인 조상 제사가 반(反)기독교 연대를 결성하며 반(反)기독교의 입장을 분명히 했다. 그리고 모택동의 공산혁명은 기독교와 선교사를 추방함으로써 반(反)기독교의 입장을 천명(闡明)했다. 유불선 연대에 이어 모택동의 공산주의까지, 중국의 전통과 사상은 기독교를 거부하고 배척하는 영역에 머물러 왔다는 점을 주장하려는 것이다.

중국의 '보편'과 '계몽'

중국의 사상가 쉬지린은 "보편적 가치를 마음속으로 생각하며 중국 문화를 건설하자."라고 주장한다. 중국이 추구할 미래와 변화에 관련하여 '보편'을 말한 셈인데, 중국이 추구할 '보편'에 대하여 그는 "인류가 평화적으로 공존하고 건강하게 발전할 수 있게 해주는 기본적 가치"라고 설명한다. "하나님과 천명(天命) 등의 각종 초월 세계가 해체된 후, 문명은 인간이 인간일 수 있게 하는 제도적 보장이었으며, 인성 존엄에 반드시 필요한 자유평등에 대한 방위였다."라고 말하며, 쉬지린은 근대 서구의 계몽주의와 비슷한 주장을 한 것으로 보인다.

쉬지린은 '계몽'이라는 말을 조금씩 다른 의미로 여러 번 사용했다. 춘추전국시대부터 새로운 시대를 바라보는 역사적 맥락에서, 그리고 등소평의 수정자본주의 이후 중국의 새로운 미래를 바라보는 맥락에서도 계몽을 언급했다. 세계사의 흐름에 눈을 뜨던 1980년대에 서양중심주의를 주장하다가, 1990년대 들어 중국의 미래를 새롭게 바라보려 했던 시기와 관련해서도 계몽을 논했다.

그렇다면 이제 중국의 사상가들은 또 다른 계몽을 말해야 할 듯하다.

시진핑 우상화로부터의 '계몽', 그리고 공자 아카데미와 중화(中華)의 일대일로로부터의 '계몽'도 말하는, 인류의 보편적 미래와 관련된 중국의 '계몽'이 남겨져 있는 셈이다.

쉬지린은 자연종교적 배경의 권력 구조가 대륙을 장악해 온 긴 세월 동안 '낮은 곳의 기다림'을 의식하며 인류의 보편적 미래를 바라보는 '계몽'을 중국의 보편으로 제시했다고 판단된다.

'중국판 스토아철학'인 유불선의 삼교가
지배 계층의 '보편'이 되어왔다면,
마르크시즘의 프락시스가 비판적 혁명 철학의 실용적 '보편'이라면,
중화사상은 시공을 초월하는 종족 종교의 종합 운동장으로서
'보편'이 되었을 듯하다.

문을 열어 멀리 내다보며 세계사의 미래를 논할 시점에서, 그들은 퇴행과 역행을 마다하지 않는 '유사(pseudo-) 보편'으로서, 중화(中華) 방식의 지구화인 일대일로를 제시했던 것으로 판단된다.

중국 버전(version)의 스토이시즘인 유불선 삼교, 기독교에 대한 '무신화(無神化)와 세속화의 안티테제'로서의 마르크스주의, 그리고 종족 종교의 파편들로 주조(鑄造)된 중화사상이 차이나 오케스트라(China Ochestra)가 되어줄 것을 기대한 것이 시진핑 시대의 중국이었을 것으로 판단된다. '일대일로'가 오케스트라의 지휘자가 되어주리라는 기대를 받았던 셈이다. 그런데 사전 리허설이 부족한 탓인지, 악보 자체의 문제였는지 그들의 오케스트라는 경극(京劇)에도 훨씬 못 미치는 굉음(轟音)에 그치고 있는 것이 아닌가 판단

된다.

현재 시진핑의 중국은, 태평양 시대의 새로운 보편이 펼쳐지려는 새벽에, '온 하늘이 자신의 것임을 애써 고집하는 계명성'의 시기를 살아가고 있는 것으로 판단된다. '진정한 보편'(성서와 기독교의 하나님)을 내쫓으면서 '현재와 미래의 온 세상'이 자신의 것임을 주장해 온 중화의 계명성이 어쩔 수 없이 새로운 시대의 보편을 맞아들여야 할 것이기 때문이다.

만리장성 안에서 태양 이상의 권능을 행사해 온 계명성이 "필요에 따라 문을 닫기만 하면 된다."라고 생각할 수도 있을 듯하다. 한시적으로는 가능할지 몰라도, 문을 계속 닫는 일은 그들의 뜻대로 되지 않을 것이라는 전제하에, 다음 항목에서는 글로벌 거버넌스의 문제를 다루려고 한다.

글로벌 거버넌스(global governance)

코로나19 시기 직전까지만 해도 "국제사회에 영향을 미치는 다국적 문제들에 대하여 중국은 책임 있는 이해 당사자가 될 수 있는가?"라는 질문과 함께, 중국과의 관계에서 거버넌스를 논할 때가 있었다.

국제 정치·경제 분야에서 시작되었지만, 비정부적 참여와 초국가적 해결까지 바라보는 개념이 글로벌 거버넌스이다. 그런데 중국은 '정부적 참여와 국가적 해결의 범위'를 벗어날 의지는 없어 보인다. "공산당이 없으면 국가가 없는 것이요, 공산당과 국가가 없이는 국제적 참여도 없다."라는 것이 중국의 견고한 입장이기 때문이다.

중국의 어느 학자는 이렇게 말했다.

"글로벌 거버넌스는 서구적 개념이다. … 중국의 입장에서는 자국(自國)을 잘 유지해 나가는 것이 국제적 책임을 가장 잘 완수하는 길이다."-《평화적 발전에 관한 백서 2011》

중국은 그런 주제(글로벌 거버넌스)에 관심을 가지기 어렵다는 대답을 했던 셈이다.

등소평 이후 공산당 권력자들이 암묵적인 '권력 교체'를 이어가는 동안, 그들은 어느 정도 국제 사회의 인정을 받는 듯했다. 그러나 자기중심적인 일대일로를 밀고 나간 이후에, 코로나19 사태 이후에, 그리고 시진핑의 3연임 이후에 중국은 사회주의적 전체주의의 한계를 뚜렷이 드러내고 말았다.

그러한 중국에서는 그들의 국내 질서가 국제 질서를 결정하게 된다. 권력과 체제 유지가 제1조가 될 수밖에 없는 그들에게서, 정치적 사회주의와 공산당의 통치는 절대로 포기할 수 없는 요소가 되는 것이다.

글로벌 거버넌스가 서구적 보편적 가치관의 방향을 바라보는 것이라면, 중국은 글로벌을 말하더라도 자기중심적 입장에서 벗어나지 못한다. 서구적 보편적 요청과 중국의 응답 사이에는 정치적·역사적 시차 적응의 문제가 뚜렷이 나타나고 있는 셈이다.

"국제적인 공익에 자발적으로 참여한다."라는 글로벌 거버넌스는 서구적 자유주의와 관련되어 있다. 국제적 공익에 자발적으로 참여하자는 거버넌스의 제안은 서구의 근대적 자유주의 개념에 근거한 것이요, 서구적 자유주의는 기독교에 침윤(浸潤)된 개념이다. 서구적 자유주의에서나 글로벌 거버넌스에서나 − 긍정적이든 부정적이든 − 기독교적 뿌리 이외의 것을 생각할 수는 없다.

크리스텐덤(Christendom)의 중세로부터 서구의 근대 시기로 넘어오는 동안, 수백 년에 걸친 민족과 국가 간 갈등과 경쟁을 통하여 거버넌스 개념이 형성되었을 것으로 판단된다. "민족과 국가들 사이에 공적 책임 영역과 관계 규칙이 존재하지 않으면 안 된다."라는 사실을 – 역사적 시련과 연단을 통하여 – 어쩔 수 없이 인정하기에 이르렀을 것으로 판단되는 것이다.

근대 시기에 서구로부터 많은 고통을 겪었던 중국의 피해의식 때문에 거버넌스 개념이 서구 강대국들의 이기주의적 게임 규칙으로 받아들여질 가능성은 있다. 그렇지만 글로벌 거버넌스는 시기와 완급 조절의 문제이지 근본적으로 거부될 문제는 아니다.

기독교 선교와 태평양 시대 그리고 중화사상

초기의 기독교 선교는 지중해 연안 지역 전반을 대상으로 이루어지고 있었다. 부활하신 그리스도께서 승천하신 후 오순절 성령이 임하셨을 때, 예수의 제자들이 방언으로 외치던 현장에서 놀라워했던 순례자들의 출신지가 그렇게 나타난다(행 2장).

그러한 기독교의 판도가 지중해로부터 북쪽으로 올라가면서 서구(西歐)가 기독교 사회와 동일시되어 간 것은 중세에 이루어진 일이다. 중세 이후 종교개혁을 전후하여 로마 가톨릭과 개신교가 해외 선교에 나서게 되면서, 대서양 건너 아메리카 대륙이 기독교의 대륙으로 변화되어 갔다.

지중해 연안에서 시작된 기독교의 역사가 서구 유럽으로, 이어서 대서양을 건너 새로운 땅을 찾아 나선 것인데, 그러한 선교의 흐름을 따라 세계사를 주도하는 국가와 세력도 달라져 온 것으로 나타난다.

'지중해를 중심에 두고 경쟁하던 세계사'가 유럽으로 북상하고 나서, 이제는 대서양을 바라보며 경쟁적인 미래를 논하게 되었다. 그러던 흐름이 20세기 말 이후로는 태평양을 가운데 두고 글로벌 거버넌스를 논하기에 이르렀다. 즉, 지중해 시대로부터 대서양 시대로, 그리고 이어 태평양 시대를 맞이하고 있는 셈이다.

태평양 시대에 세계사의 흐름을 기독교 선교 맥락에서 논하는 것은 어떠한가? 태평양을 둘러싼 나라들을 생각해 보자. 미국이나 캐나다는 기독교권 국가들이다. 남아메리카의 많은 국가 역시 로마 가톨릭 영향권에 들어 있다. 태평양 남쪽의 오스트레일리아 역시 기독교권이요, 저 북쪽의 러시아는 20세기의 대부분을 공산주의 국가로 살았다 해도 러시아 정교회의 기독교 국가인 것이 틀림없다. 그런 흐름 속에서 한반도와 일본 열도가 중국과 태평양 사이를 막아서고 있는 형국인데, 한반도의 한국이 개신교가 강한 나라라는 점도 눈여겨볼 필요가 있다. 일본은 기독교 국가가 아니지만, 중국의 태평양 진출을 저지하려는 맥락에서는 미국이나 한국과 입장이 다르지 않을 것이다. 그러한 전반의 상황을 감안할 때, 21세기의 글로벌 거버넌스는 '태평양을 무대로 기독교의 주도적 영향 아래' 이루어지고 있다고 판단된다.

하나님의 구원과 선교는 처음 그곳에 머물러 있으려 하지 않았다. 예루살렘을 떠나 안디옥으로, 그리고 로마를 향한 선교의 흐름은 하나님께서 가리키시는 방향을 바라보았고, 때가 차매 하나님 나라에 이르게 될 것이다.

기독교 선교가 하나님의 뜻을 이루는 그 방향을 바라보는 목적론적이요 종말론적인 성격을 지닌다는 점을 생각할 때, 중국과 중화사상은 어떠한지를 생각해 보자.

중화사상은 피조세계의 자기중심적 성격을 내재화한 자연종교적 사상이다. 만리장성은 그러한 중화사상의 굳건한 울타리인 것으로 받아들여져 왔다. 유불선 삼교가 '체제 유지를 위한 중국판 스토이시즘(Stoicism)'으로 쓰임 받고, 강력하게 종말론적이라는 마르크스주의까지도 체제 유지를 위한 실용적 도구로 차용될 때, 중국의 종교와 사상 전반은 기독교와는 상반된 자연종교적 성격을 나타내게 되는 셈이다.

기독교 선교가 온 세상을 구원하시려는 하나님의 뜻을 이루기 위해 예루살렘을 떠나 땅끝까지 가려고 한다면, 중화사상과 만리장성은 피조세계의 자기중심과 변화 거부의 성격을 나타낸다. 죄 사함과 구원과 변화가 성서적 구원의 근본적 성격이라면, 피조세계의 자기중심적 구심성(求心性)을 신격화하는 중화사상은 자연종교의 결정판으로 나타난 셈이다.

세계사의 흐름과 기독교 선교에 문을 열어 참여한다는 의미에서 글로벌 거버넌스를 말한다면, 그때의 거버넌스는 기독교적인 것이라 해도 무리가 없다. 불교나 이슬람교나 힌두교가 그런 주장을 하는 것은 아니라는 점에서 더욱 그러하다.

중국은 그러한 글로벌 거버넌스에 참여하려는 열린 자세를 보이지 않는다. 그들의 영혼과 종교와 사상은 만리장성 안에, 중화사상의 중심과 깃발 아래 머물러 있으려 하는 것이다. 중국은, 만리장성 안에 머물러 중화사상을 외치며 "온 세상이여 우리를 바라보며 중화의 깃발과 만리장성을 향해 경배하라."라는 방식의 글로벌 일대일로를 외쳐온 셈이다.

이데올로기 역사에서 공소시효가 지난 마르크스주의는 통치 권력의 전략과 도구의 방식으로 쓰이고, 공자학당 역시 모택동과 시진핑을 위한 전체주의적 체제 구축의 맥락에서 차용(借用)되는 것으로 판단된다. 중국이 거버넌스를 낯설어하는 것이나, 서구적 자유와 인권을 의심스러워하는 것이나, 기독교 선교를 쫓아낸 것이나 '중화사상과 만리장성의 자연종교적 중심으로부터' 나온 것으로 판단된다.

이제, 근래에 시진핑의 중국이 강력하게 억제해 온 정치적 민주주의와 '개인의 자유와 인권'의 문제를 논하며 결론을 지으려 한다.

개인의 자유(individual liberty)
- 중세와 종교개혁을 거쳐 나타난 개인의 자유

중세 로마 가톨릭 교회의 구원이 '수직적 성직 체제에 근거한 제도적 신앙'에 가까웠다면, 종교개혁의 구원은 한 영혼의 믿음인 '이신칭의(以信稱義)'를 전면에 내세우게 된다. 종교개혁은 '한 영혼을 소중히 여기는 예수 그리스도의 구원'과 '초대교회의 공동체적 구원'을 회복하려 했던 것이다.

종교개혁 이후 서구 정신세계가 세속화의 흐름을 따라가는 동안에, 공동체적이면서도 개인적인 종교개혁의 믿음은 '믿음을 벗어나는 개인주의'로 나아가게 된다. 그런 흐름 속에서 점차 선명해져 간 '개인적인 자유'는 서구 부르주아 사회가 성취해 낸 열매가 된 것이다.

그 개인적인 자유가 전통과 공동체의 속박으로부터 '더 벗어나' 익명의 대중 속에서 '개별화된 개인들(atomic individuals)'이 되면서 서구 시민사회의 구성 요소가 되어간다. '교회와 전통에 근거한 수직적인 중세 사회'가 '사회 윤리와 계약에 근거한 수평적인 근대사회'로 변해가게 된다. 개인적인 자유가 새로운 시대를 열어가는 선도적 위치에 세워진 셈인데, 그 자유가 개척자와 창의성의 터전이 되면서, 교회와 성직을 벗어나 세속화된 서구의 미래를 활짝 열어가게 되는 것이다.

종교개혁과 프랑스혁명과 산업혁명을 거치면서 강한 전투력을 갖춘 서구의 국가들이 비(非)서구의 전근대적 국가들을 침략해 갔을 때, 침략받은 나라들 대부분은 자연(종족)종교의 국가들이었다. 힌두교의 인도나 유교의 중국이나 종족(種族)종교의 대부분 국가들은 개인의 자유나 민주주의나 인권에 낯설어했다. 한 영혼의 구원과 개인의 자유를 소중히 여기는 서구의 민주주의는 계시종교인 기독교를 근거와 토대로 한 것인데, 개인의 자유나 민주주의를 낯설어했던 비서구의 많은 나라는 자연종교적 배경을 지니고 있었던 것이다.

'개인의 자유'로부터 사회주의·집단주의·전체주의로

한때 새로운 시대를 열어갈 기대를 모았던 서구의 부르주아 개인들이 무소불위의 권력자가 되어갈 때쯤, 빈곤한 대중(프롤레타리아)을 이끌고 나타난 마르크스의 제자들은 새로운 시대의 권력자인 부르주아를 혁명의 대상으로 지목하여 외치게 된다.

유물론과 사회주의의 집단적 함성이 부르주아를 혁명의 대상으로 몰아붙일 때, '(부르주아적) 개인의 자유'에서 '개인'의 입지가 흔들리게 된다. 사회주의적 평등과 정의의 위세 아래, 부르주아적인 개인과 자유는 전체주의(totalitarianism)나 집단주의(collectivism)로부터 적대시를 넘어 범죄시되는 것이다.

서구의 사회주의가 종교개혁, 프랑스혁명 그리고 산업혁명을 거치며 나타난 것이라면, 중국의 모택동 사회주의는 — 종교나 인권과 별 상관없이, 산업 구조의 변화와도 별 상관없이 - 사회주의적 집단주의 또는 전체주의로 직행하게 된다.

계시종교인 기독교의 토양에서 안티테제(antithesis)로 나타난 러시아의 사회주의와 자연종교의 토양에서 나타난 중국의 공산주의는, 출발과 지침서는 비슷했을지라도 이후의 과정에서는 다른 점들이 나타나게 된다. 혁명의 시기와 관련된 역사적 시차(時差) 문제가 있었고, 혁명 이론의 콘텐츠(contents)에서도 서로 다른 점들이 나타나게 되는 것이다.

예수 그리스도께서 잃어버린 양 한 마리를 소중히 여기신다는 말씀은 한 영혼을 소중히 여기는 하나님의 구원을 말하는 것이요, 그러한 구원에 근거한 공동체적인 구원의 역사가 기독교의 역사이다. 중세 교회가 제도주의적 흐름 속에서 개인적인 신앙을 유보 또는 약화했다고 하지만, 개인의 신앙과 신앙의 자유는 기독교의 역사 속에 간단(間斷)없이 보존되어 왔다고 생각하는 게 옳다. 어딘가에 가려졌던 '한 영혼의 구원과 개인의 자유'가 종교개혁에 이어 부르주아 시대를 통하여 시대의 중심 조류로 부상하게 된 것이라는 말이다.

한 영혼의 소중함과 개인의 자유를 다 지우지 못해서였는지, 산업혁명으로 주어진 개인적 소유가 소중해서였는지, 서구 사회는 마르크스의 전체주의 함성에 자신을 다 내어주지는 않았다. 그렇지만 한 영혼의 자유나 개인적 소유에 익숙하지 않았던 러시아 농경 사회나 자연종교의 중국에서는 집단과 전체의 함성이 - 이후의 세계사를 뒤흔들어 놓을 만한 - 대단한 효력을 나타내게 된다.

공산주의 소련에서도 한 영혼의 자유는 숨을 쉬고 있었다. 19세기 마지막 해인 1899년에 출판된 톨스토이의 《부활》은 버려진 한 영혼을 되찾는 흐름 속에서 신약성경적인 구원의 이야기로 끝맺게 된다. 1880년에 출판된 《카라마조프가의 형제들》에서 도스토옙스키는, 인간의 영혼과 죄악의 깊이를 파헤치는 러시아적인 글을 통하여, 다가올 유물론과 사회주의 시대를 대비하는 계시종교의 터전을 확인했던 것으로 판단된다.

러시아나 중국이나 사회주의 혁명 초기에는 크게 다르지 않았을 텐데, 혁명이 어느 만큼 진행되었을 때 그 흐름은 근본적으로 다른 방향을 바라보게 된다. 러시아 혁명 초기 세력들 대부분은 러시아 정교회(기독교)와 관련된 사람들이었다. 혁명의 주역에 속하는 여러 인물이 한때는 신학도였다 하는데, 마르크스는 신학 수업을 하던 중 〈요한복음〉에 관련된 신학적인 글을 쓰기도 했다. 혁명 이론에 관련된 그들의 글은 기독교 신학으로부터 '신(God)'만 제외한 내용인 경우가 많았다. 러시아 혁명은 양각(陽刻)으로나 음각(陰刻)으로나 러시아 정교회인 기독교와의 관계를 벗어나지 않았던 것으로 판단된다.

중국의 공산주의 혁명은, 러시아의 혁명이 스탈린 시대로 접어들면서 초기의 이론들이 실질적 의미를 상실해 가던 시기에 시작되었다. 소련 공산주의로부터 자기부정의 고백이 들려오기 시작할 때쯤, 모택동의 혁명은 본격적인 궤도를 향하고 있었다. 중국의 공산주의 혁명은 시초부터 불분명한 미래와 목표를 바라보고 있었던 셈이다.

러시아 혁명이 외치던 종말론적 유토피아가 기독교 종말론에서 '신'을 제외한 구조였다면, 중국의 사회주의 혁명은 (혁명의 주역들이 처음부터 의도한 것은 아니라 해도) 중화사상과 만리장성 쪽에서 최후의 도피성을 찾으려 했던 것으로 판단된다.

모세의 출애굽 & 모택동의 대장정

성경은 구원의 책이다. 구약성경의 구원은 출애굽으로부터, 신약성경의 구원은 ― 출애굽의 유형론적(typological) 연속선상에서 ― 예수 그리스도의 십자가와 부활로부터 연역(演繹)된다. 신구약 성경의 구원 이야기는 출애굽으로부터 시작되는 셈이다. 중국을 구원하려 했다는 모택동의 이야기도 출애굽 비슷한 사건으로부터 시작된다. 모택동의 대장정이 바로 그것이다.

성경의 출애굽은 '여호와 하나님의 약속과 성취의 흐름 속에서' 약속의 땅을 바라보며 시작된다. 히브리 민족은 약속된 미래를 바라보며 광야 40년을 건너 가나안 땅에 들어가 이스라엘이라는 국가를 세우게 된다. 그러한 구원과 언약에 근거하여, 때가 차매 그리스도 예수께서 오셔서 새로운 시대를 열어가시게 된다. 그러한 '구원 역사'에 참여하도록 부름받은 인간으로서 우리는 기독교인들이다. 그러한 '신앙의 현재'와 다가오는 '하나님 나라의 희망' 속에 살아가도록 부르심을 받은 것이다.

성경의 출애굽과 하나님 나라가 약속과 미래와 희망을 향한 것이라면, 모택동의 대장정은 공산당의 권력 체계 이상을 넘어서지 못하는 유사 출애굽(Pseudo-exodus)에 그치고 말았다. 계층 간의 현실적 분노와 증오를 주(主) 동력으로 하는 혁명으로는 미래와 희망을 논할 수 없었다. 과거와 전통과 관계들을 처단하는 혁명의 칼을 들고서 희망의 미래를 노래할 수는 없었다. 그래서 그들은 중화(中華)와 만리장성과 천자(天子)를 재론하면서 유교나 마르크스주의를 과정과 도구로 삼는 권력 체계 이상의 무언가를 추구할 수는 없었던 것으로 판단된다.

이스라엘 백성의 출애굽 과정에서 애굽 왕 바로는 유월절의 밤에 그의 장자를 잃었다. '절망의 근대사로부터 한민족의 출애굽처럼 보이는 한국전쟁'에서 모택동도 장자를 잃었다. 모택동은 애굽 왕 바로를 닮았다. 외적인 몇 가지 점에서 모택동의 대장정이 모세의 출애굽을 닮은 듯하나, 사실상의 내용과 의미에서는 정반대가 된다는 점을 지적하려는 것이다.

성경의 출애굽은 노예 백성을 해방하여 하나님께서 예비하신 약속의 땅으로 나아가게 하려는 신앙과 희망의 노정(路程)이었다. 그런데 모택동의 대장정은 대약진운동이나 문화대혁명을 거치는 동안에, 그 어떤 미래나 희망도 거론하기 어렵게 되고 말았다. 여론과 언론은 통제되었고, 공적인 통계는 자취를 감추게 되었으며, 그저 문(門)을 닫고 희망 없는 기다림 속에 백성을 가두어두기만 했다. 그들의 혁명은 결국 중화와 만리장성 안에 백성을 가두어둘 수밖에 없는 '자연종교적 전체주의의 현실'까지만 이르게 된 셈이다.

사회주의 혁명은 '개인적인 열망이나 분노를 집단적 정치 세력으로 전환하려는 선전 선동을 통하여' 혁명을 추구했다. 분노한 개인들의 함성을 총합(總合)하여 목표를 달성하고 나서, 개인의 함성이 전체주의 권력의 통치 아래 숨죽여 살아가게 될 때쯤 혁명은 일단락된다. 많은 개인의 개인적인 열망과 분노와 자유를 유보하거나 억압해야 할 단계까지 갔을 때, 사회주의는 자신의 전체주의적 목표를 달성하게 되는 셈이다.

공산주의 혁명에서 개인의 자유나 인권은 도구적 위치로부터 멀리 벗어나지 못한다. 혁명의 과정에서 그리고 최종 목표 근처에서, 한 개인의 행복이나 인권의 문제는 집단과 단체의 함성에 가려지거나 사라지고 만다. 사회적 · 집단적 가치관이 우선이요, 개인이나 자유에 관한 것은 부차적으로 되거나 필요에 따라 제거되어야 하기 때문이다.

중화사상을 품고 오랜 세월 만리장성 안에서 살아온, 중국판 스토아
(stoa)에 갇힌 그들에게도 자유가 있다면, 그 자유는 지주(부르주아)를 타도할
자유, 비판적 지식인을 처단하는 홍위병의 자유, 그리고 공산당 권력자를
경배할 자유까지의 '집단적이며 전체주의적 자유'가 된다.

그러한 집단적이며 전체주의적인 자유와 '서구 기독교에 근거한 개인의
자유' 사이에는, 또한 세계사가 바라보아야 할 보편적인 미래와 '중화사상의
자연종교적 체제' 사이에는, 심각한 역사적 시차(時差)와 시각차(視覺差)가 존
재하는 것이다.

하나님의 주권과 인간의 책임

20세기 초반 서구의 국가들과 교회들은 낙관적인 분위기였다. 비(非)서
구에 비하여 서구는 모든 측면에서 비교할 수 없을 만큼 앞서 있었다. 그런
우월감과 사명감의 맥락에서 서구는 '백인의 짐(white man's burden)'을 주장하
는 데 주저함이 없었다.

그런데 우월감을 노래하던 그 시기에 서구는 그들 안에서 대격돌을 일
으키며 스스로 주저앉기 시작했다. 1차 세계대전이 일어난 것이고, 1차대
전이 끝나고 얼마 후에 2차 세계대전이 일어나면서 서구 사회는 그들 안에
서 스스로 주저앉게 된 것이다.

21세기 초반에 세계를 앞서간 나라들은 "제4차 산업혁명이다, 다보스
포럼이다."라고 하면서 새롭고 놀라운 시대가 도래했다는 팡파르를 울리고
있었다. 그런데 얼마 되지 않아 온 세상은 중국에서부터 시작된 코로나바이
러스 사태에 붙들리게 된다. 초기에는 우한 바이러스라 불렸으나, 중국의

억지스러운 항의와 협박이 제기되면서 코로나바이러스라 불리게 되었다.

그럭저럭 코로나19가 진정되는가 했는데, 이스라엘에서 그리고 우크라이나에서 멈추기 어려운 전쟁이 터져 나왔다. 전쟁의 원인은 간단하지 않았다. 대부분은 그들의 국내 사정이 근원적 원인을 제공했고, 복잡한 국제 관계와 뒤섞이는 동안에 매듭을 풀기 어려운 방식으로 확장되기만 했다.

이제 중국은, 모세의 출애굽 이후 남겨진 이집트처럼, 자신의 미래를 힘겹게 열어가야 한다. '집단주의적이고 전체주의적인 토대와 자기중심적 구심성을 벗어나기 어려운 자연종교의 중국'은 하나님 나라와 미래를 가리키는 성서적 계시종교의 나라들과의 갈등과 경쟁 속에서 길을 찾아야 하는 것이다.

인간은 역사적 환경에 의하여 형성될 수 있으며, 동시에 환경의 조성자가 된다. 역사는 인간의 자유가 지나가는 궤적(軌跡)으로서, 자유의 현장이면서 자유가 만들어가는 새로운 가능성의 장(場)이 되기도 한다. 하나님의 주권과 인간의 책임 사이에서 끊임없이 긴장을 의식하는 것이 기독교의 신앙이요 역사관인 것이다.

오래된 고난과 깊은 어둠 속에서도 미래를 새롭게 열어가려는 인간의 자유와 창의성, 고통과 혼란의 역사 속에서도 희망을 잃지 않으려는 인간의 고귀한 신앙 의식, 중국에도 그런 것이 있었다면 천안문의 그 젊은이에게서 나타났던 것이라 기억된다.

그때 천안문에서 어느 젊은이가 탱크의 행렬을 막아섰을 때, 탱크가 이리저리 피하려고 했다. 온 세상이 지켜보고 있다는 사실 때문인지 인민군의 탱크가 잠시 당황했던 듯하다. 그 '당황'이 무엇을 의미하는가? 집단과 전체가 무심코 저질러 온 행위가 언제까지나 지속될 만한 행위가 아니라는 점을 그들도 이미 알고 있었다는 의미의 '당황'이 아니었을까?

그때 천안문에는 온 세상으로부터 많은 언론이 중국 공산 권력의 초청으로 찾아와 있었다. 중국이 새로워지고 있다는 사실을 공산당의 방식으로 온 세상에 알리려고 했던 것이다. 그런데 온 세상은 공산당 탱크의 위력보다는 탱크를 향해 걸어가던 젊은이들이 이끌어갈 중국의 미래에, 보다 더 많은 관심을 가지고 있을 것이다.

세계사를 바라보는 시각으로

러시아의 블라디카프카스와 인권위원회와 유리 시다코프, 그들과의 이야기를 널리 알리거나 글로 써서 책을 만들 생각은 하지 못하고 있었다. 수십 번 그 먼 길을 오가면서도, 선교와 관련하여 누군가에게 알릴 만한 구체적인 열매가 나타난 것은 아니라고 생각했기 때문이다. 선교지에 교회를 세워 많은 성도가 모였다거나, 이것이 선교의 결과라고 생각될 만한 열매가 나타난 것은 아니라고 생각했기 때문이다.

그동안 고르바초프의 고향인 스타브라폴 지역의 가야슬라라는 곳과 북오세치아 공화국의 작은 도시인 엘 호또바라는 곳에 두 교회를 세워 여러해 동안 후원하기도 했다. 그리고 그 교회들을 통하여 놀라운 일들이 일어나기도 했다. 그런데 선교와 관련된 긍정적인 이야기보다는 어둡고 부정적인 측면들이 더 커지는 듯했다.

북카프카스에서의 개신교 선교에 관련된 일들이 하나둘씩 문이 닫히고 있는 듯한 상황이었다. 선교사들은 이런저런 재판에 연루되어 있었고, 교회 건축을 다 해놓고도 공적인 등록을 받아주지 않아 교회 건물이 러시아 당국에 압류되기도 했다. 한국 교회에서 보내온 선교비가 현지 러시아 변호사들과 관련된 법률 비용으로 너무 많이 지출되는 것도 참으로 안타까운 상황이었다.

> 그런 선교사들과 거리를 두려고 하다가
> 러시아 인권위원회와 관계를 맺게 된 것이고 …
> 그 관계가 깊어지는 동안에
> 유리 시다코프와 형제 관계를 맺게 된 것인데 …
> 유리가 세상을 떠나고 나서
> 인권위원회와의 관계도 별 의미가 없어지고 말았는데 …

이제까지의 일어난 일들을 글로 써서 알린다 해도 별 의미가 없을 것이라고 생각한 것이다(유리는 2007년 7월에 세상을 떠났다).

그렇게 세월이 흐르던 중에, 어쨌든 이제 나는 그 긴 이야기를 마무리 지어야겠다고 생각했다. 오랫동안 틈틈이 일기처럼 기록해 놓은 이야기들을 모아 정리하기 시작했고, 정리가 어느 만큼 되었을 때 한 출판사와 대화를 하게 되었다. 그러던 중 러시아와 우크라이나 사이에 전쟁이 터지고 말았다. 러시아가 우크라이나를 침략하면서 온 세계가 러시아와 푸틴을 규탄하는 가운데 전쟁이 진행되었다. "아! 나의 책이 아직은 세상에 나타나선 안되겠구나." 생각하며 일단 출판을 중지시키고 말았다.

그렇게 세월이 흐르던 중에 코로나19 재앙의 시대가 지나가고, 미국과 중국 사이의 디커플링(decoupling) 사태가 진행되고, 우크라이나 전쟁은 초기의 예상과는 달리 긴 전쟁이 되어갔다.

그러는 동안 한국 사회는 미래 예측이 어려워 보이는 혼란의 소용돌이 속으로 휘말려 들어가는 듯했다. 이런 시대에, 거시적인 시각으로 시대와 세상의 흐름을 읽으며, 교회와 선교가 나아갈 방향을 구상해 보는 일이 필요할 것이라고 … 어느 때부터인가 나는 그 방향을 바라보고 있었다. 나의 부족한 능력으로는 그런 과제를 다룰 수 없을 것으로 생각해 아예 그럴 생각조차 하지 않았다가, 어느 시점에 가서 그 과제를 나의 것으로 받아들일 수밖에 없게 된 것이다. 그런 맥락에서 나는, 유리와 나 사이에 20여 년 동안 맺어졌던 관계를 조금 더 거시적인 안목에서 새롭게 바라보려고 생각하기 시작했다.

그동안, 유리와 나 사이 관계가 더 이상의 지속적인 흐름이 되거나 하나님의 섭리 차원의 어떤 열매를 맺게 될 것이라는 기대를 거의 하지 않았다. 일 년에 한 번이나 두 번 그들을 찾아갈 때마다 내가 기대했던 일들은 거의 일어난 적이 없었다. 테러의 분위기가 굳어져 있을 때는, 다시는 이들을 찾아오지 못할 것으로 생각하며 돌아오기도 했다.

그들을 만나러 오가는 동안, 한국 교회가 일반적으로 기대할 만한 선교적 열매가 나타난 것은 아니었다. 그들을 찾아갔을 때 일어난 특별한 일들은 한국 교회에서는 믿기 어려운 일이기도 했다. 도대체 나는 왜 꽤 큰 비용을 들여 사람들이 잘 모르는 그곳을 그렇게 수십 번씩이나 찾아가게 된 것인지, 그렇게 세월이 흘렀어도 남은 것이 별로 없는 듯한데 말이다. 그런저런 이유로 그동안 블라디카프카스에서 일어났던 일들을 말하는 것조차 꺼리게 되었다.

그런데 요즘 전체적으로 그 생각을 뒤집어가는 듯한 나 자신을 발견하게 되었다. 그게 아니라는 생각을 하게 된 것이다.

'교회와 신앙을 떠받쳐 온 깊은 내적 진실은 무엇인가?'

세계사는 나폴레옹이나 히틀러나 스탈린의 역사가 아니라 오히려 그들에게 짓밟혀 쓰러져간 하나님의 백성들의 역사라는, 무너져 내리는 한국 교회들의 처마 밑에서 체험적인 깨달음을 얻어가며 생각을 바꾸게 된 듯했다.

그렇다! 아마도 유리 시다코프는 자신이 그렇게 걷다가 언젠가 그렇게 쓰러져 갈 것을 예감하고 있었을 듯했다. 앞서간 그의 선배들이 얼마든지 그런 사례를 보여주었을 것이고, 그도 역시 그런 선배들의 이야기를 보고 들으면서 살아왔을 테니까 ….

그가 그렇게 나에게 이런저런 비밀스러운 이야기를 자꾸 했던 것은, 언젠가 내가 이렇게 글로 써서 그들의 어려움을 바깥세상이 들을 만한 이야기로 만들어 널리 알리기를 기대했을 것이라는 생각을 하기도 했다.

'유리 시다코프는 어떤 일을 열심히 하다가 세상을 떠났다고 하는데, 그는 어떤 일을 그렇게 소중히 여기며 애를 쓰고 있었을까?'
'그는 무슨 일을 하려고 했고, 어떤 벽에 충돌하게 되었을까?'

그가 교통사고로 죽었든지, 아니면 어떤 다른 이유로 죽게 되었든지 그것을 밝히려 하기 전에, 그는 무슨 일을 하려고 그렇게 열심히 돌아다니고 있었는지, 소수민족인 북오세치아 공화국은 어떤 상황에 놓여 있었던 것인지, 그런 문제들에 조금 더 가까이 다가가면서 동시에 거시적인 접근이 필요하다고 생각한 것이다.

개인적이고 체험적인 이야기들이 거시적 안목으로 확장되어 가는 맥락에서 《계시종교 러시아 자연종교 중국》이라는 결론적 틀을 제시하게 되었다. 그러니까 그 '결론적 틀'은 이후의 '새로운 시작'을 바라보는 이야기가 되는 셈이다.

이슬람 마을 자망꾸의 어느 가정을 방문해서
성경에 손을 얹고 기도하는 모습이다.

유리 시다코프는 나를 부를 때, '파스토르' 또는 '목사님'이라고 불렀다. 파스토르는 러시아어로 목사라는 뜻이다.

그의 고향 마을은 카프카스산맥의 어느 산등성이에 있는 전통적인 이슬람 마을이었다. 내가 갈 때마다 그는 나를 데리고 그 마을로 가서 하루나 이틀을 머물게 했다. 그의 시골집에는 큰 돌멩이들로 가득 채운 낡은 드럼통을 아래로부터 가스불로 달구는 방식의 허름한 사우나가 있었다. 카프카스의 한겨울에 그 사우나에서 땀을 흘리며 서로를 바라보던 그의 웃는 얼굴이 아직도 눈에 선하다.

그는 이슬람이라 했는데 자신이 이슬람이라는 점을 나에게 내세운 적은 없었다. 나를 이끌고 마을의 몇 가정을 방문하여 기도하게 했을 때, '이들이 정말 이슬람인지?' 의아할 수밖에 없었다. 나는 성경과 찬송을 들고 가서 말씀을 읽어주고 찬송하며, 예수 그리스도의 이름으로 기도했다. 나를 따라 하지는 않았지만, 내가 기도할 때 그들은 아주 진지하고 경건한 모습이었다. 나중에 알게 된 사실인데, 그 근처의 이슬람은 비교적 온건하면서 고전적인 이슬람에 해당한다고 했다. 이슬람이라 하면서도 비블리야(성경)를 코란보다 더 소중히 여기는 것처럼 보이기도 했다.

러시아는 미국을 적대 국가로 여기는 것이 분명하다. 그런데도 사랑하는 아들딸을 어떻게든 미국으로 보내고 싶어 하는 러시아 사람들은 유리 시다코프와 나를 닮았다. 나는 개신교의 파스토르이고, 그는 이슬람 마을의 촌장 격인 사람이다. 자신의 소중한 사람들을 위하여 나로 하여금 성경을 읽고 찬송하며 기도하게 했던 '카프카스의 형' 유리 시다코프가 나를 기다리고 있는 듯한 느낌을 전하며 글을 맺으려 한다.